怨

誰かに話したくなる怖い話

ナムコ・ナンジャタウン「あなたの隣の怖い話コンテスト」事務局 編

はじめに

ナムコ・ナンジャタウン「あなたの隣の怖い話コンテスト」が、また一冊の本になりました。

実体験に基づいた血も凍るような話が全国から数多く寄せられ、選考委員もひきこまれるように読みました。

本書にはとくに優れた作品五十四本が掲載されていますが、怖い話が特定のスポットだけでなく、こんなにも身近なところで、頻繁に起きているのだと、驚かされるばかりでした。

選考委員のひとりも、以前に不思議な体験をしたことがあると話していました。

それは、いつもと変わらない生活のなかで、親しい友人に会ったとき、その友人が彼の肩先を手で払う仕草をして「大丈夫だよ。取っておいたから」といったのだそうです。

「何？」と尋ねると、友人は少しためらったあと、「耳の先だけ白い、黒い子犬がね……いたから」といいます。犬は飼っていないし、黒い子犬に憶えもない彼は、訝《いぶか》しく思っていたそうですが、実家の母親に尋ねたところ、彼がまだ三歳のころ、飼っていた黒い子犬が車にはねられて死んだのだと聞かされたそうです。もちろん、耳の先だけが白い子犬だったといいます。

そんな経験のある人は少なくないのではないでしょうか？

気がつかないで見すごしているもののなかに、何気なく生活しているこの空間が歪《ゆが》んでしまうような恐怖が潜んでいることもあるのです。

心を澄ませていると、ときどき奇妙なことが起こっている気配がするのではないでしょうか？

自分自身に霊感や人に見えないものが見えるといった力がなくても、ふとしたはずみに、まったく日常と違う感覚にとらわれてしまうこと。昨日と違う空気の揺れを感じたりすること。なんとなく誰かに見られているような視線を感じること。遠い昔に、いまとまったくおなじことがあったと感じること……。

以前は「怖い話」といえば、有名な心霊スポットがあったり、墓地であったり、あるいは殺人現場だったりしました。しかし、応募作品を読んでみると、そういう決まりきった場所ではなく、じつにさまざまなところに歪んだ空間ができる可能性はあるのだということにあらためて気づかされました。

それは、何の変哲もない家庭のなかにいきなり入りこんできたり、友人や恋人と楽しむはずのドライブや旅行の最中に忍びこんできたりします。何気ない日常のなかに、説明のつかない「何か」が起こっているのです。

今回応募してくださった方々のほかにも、何かしらの異変に気づいている人はたくさんいらっしゃると思います。

みんなが寝静まったあと、壁の向こうに、窓の外に、足もとに、少し目を向けてみてください。「怖い話」はあなたのすぐ隣に潜んで、出番を待っているはずです……。

今回も、恐怖体験談の人名、団体名などはプライバシーを考慮し、すべて仮名にさせていただきました。

ナムコ・ナンジャタウン「あなたの隣の怖い話コンテスト」事務局

※「怖い話」の募集は、現在は行なっておりません。
※「ナムコ・ナンジャタウン」はリニューアルのため「ナンジャタウン」に名称変更となっております。

目次

第一章　とっておきの超怖い話

第二章　世にも奇妙な体験談

第三章　冥界から呼びかけるもの

第四章　霊魂がうごめく恐怖のスポット

第五章　霊界からの訪問者

本文イラスト……日野浦 剛

第一章　とっておきの超怖い話

「こんな顔を見ないで……」――山野真（三十三歳）

これは私が中学二年生のときに体験した本当の話です。

それは夏休みが終わる少し前の、とても暑い日のことでした。

私と智は部活を終え、博人の家に向かっていました。

自転車をこぐ智は夏用の学生服の白いカッターシャツの背中を汗で濡らし、ハアハアと息をしながら、何度も「替わってくれ」と叫んでいます。私は智のこぐ自転車の後ろの荷台にまたがり、道を覆う緑の木々を見上げていました。

私たちが住んでいる関ヶ原町は山の中腹の小さな町なので坂道が多いのです。学校から博人の家までは上り坂になっているうえに、この暑さですから、智が音《ね》をあげるのも無理はありませんでした。

「峠に着いたら替わってやるで、ちゃんと前見とけ」

私は智をなだめました。

「峠」というのは農道と国道の角にある食堂のことで、本当は「峠食堂」というのですが、私たちは「峠」と呼んでいました。もうすでに潰《つぶ》れていて営業はしていませんが、自動販売機だけは置かれていました。

その峠食堂の近くまで来たとき、智が「なんか、変なヤツがおるで」といいます。

背中越しに顔を出してみると、黒いカッパのようなものを着た人が石垣に座っていました。フードをすっぽりかぶっているので、よくわかりませんでしたが、近づいてみると、初老の男性でした。その爺さんは町の住人ではありませんでした。

「オッサン、何やっとるんえ？」

智は自転車を止めて、躊躇《ちゅうちょ》なく質問しました。

「うん？　娘に会いになあ……」

その爺さんは、遥か下を流れる黒血川の川面をじっと見つめながらいいました。

「変なオッサンやなあ。おい、かまうなかまうな。早く行こうぜ」

智は自分が声をかけたのに、そんなことは忘れて私をせかしました。後ろと前を交代して私がサドルにまたがりペダルをこぎだそうとしたとき、爺さんが口を開きました。

「何か飲むか？」

それは私たちを引き止めるには、もっとも効果的な言葉でした。

「どっから来たん？」という智の質問などまったく耳に入らないかのように、爺さんは「わしの娘はあきことといってなあ……」と、こんな話を始めました。

いまから十数年前、あきこさんは二十三歳のとき、婚約者と琵琶湖へドライブに出かけたのだそうです。その途中、ふたりはこの「峠食堂」で昼食をとったのですが、ここを出てわずか数十メートル先の黒血川橋の上で事故に遭い、ふたりが乗った車は三十メートル下の黒血川に落ちてしまいました。

彼は重傷を負いましたが、意識はしっかりしていて、必死であきこさんを助けようとしました。けれども、そのとき、あきこさんはすでに虫の息だったそうです。ハンドルとシートに挟まれたその体からは血が流れ、ダッシュボードに打ちつけられたその顔は内出血で見る見る腫れあがっていきました。鼻や口からのおびただしい出血は、彼女の命の短さを告げていました。

「あきこ、しっかりしろ！　もうすぐ人が来るから、それまで頑張れ！　もうじき結婚式じゃないか！　キミが死んだら、オレは生きていけない。あきこ、死なないでくれ！」

婚約者は叫びつづけましたが、

「お、お願い……こんな顔を見ないで……」

というのが、あきこさんの最後の言葉になってしまったそうです。

彼は、左足と引き換えに命はとりとめることができました。その後、あきこさんを思いつづけて独身を通してきた彼も、昨年やっと新しい恋人と結ばれました。ところが、やっと幸せをつかんだかに見えた彼は、結婚後まもなく、心臓発作で亡くなったのだそうです。

「あきこ、彼もそっちに行ったよ。だから、もう……」

そんな爺さんのつぶやきを聞きながら、私たちは橋に向かって走りだしていました。

ようやく博人の家に着くと、博人が私たちの顔を見るなり、「峠食堂の前で、爺さんから娘の話を聞かされた」というではありませんか。一足先に学校を出た博人も、あの爺さんにつかまって、ひとしきり、あきこさんの話を聞かされていたのです。

それから三人は、黒血川で事故が多いのはきっと何かの怨念が漂っているからに違いないといった話で盛り上がりました。


その夏は連日の熱帯夜で、毎晩とても寝苦しかったのですが、この夜に限っては妙に快適でした。

ぐっすり眠っていた私は、何か柔らかいものが少しずつのしかかってくるような圧迫感を覚えて目を覚ましました。ちょうど、頭から布団をすっぽりかぶせられて、それが一枚、また一枚と、つぎつぎに積み重ねられていくような息苦しさでした。

しだいに意識がはっきりしてくると、天井が見えてきました。何の変哲もない、いつもの天井です。相変わらず息苦しさは残っていましたが、とくに変わったことはないので、もう一度眠ろうとしました。しかし……。

瞼を閉じても、なぜか天井が見えてしまうのです。逆に開けようとすると、すでに開いているような気がして、それ以上は開かない。何度か閉じようとしてみましたが、やはり見えてしまいます。

さらに、体がまったく動きませんでした。こんなことは初めてです。

なんとか起き上がろうともがいていると、天井に一点の染みがあることに気づきました。

〈あれ？　あんなところに染みなんてあったっけ？　……広がっているのか？　いや、何かが浮かび上がってくるみたいだ……〉

しだいに形を現わしてきたものは、顔じゅうが醜く腫れあがった、見るも無残な女の顔でした。腫れて、開ききらない目でじっと私を見ています。女は何かをいおうとしているかのように口もとを歪めました。少し開いた唇から一滴の黒い影が糸を引いて、ポタリとボクの顔に滴り落ちてきました。ヌルッとして生臭いそれは……。

〈血……？〉

そう思ったとたん、天井から鮮血が雨のように迸《ほとばし》りました。

顔じゅうに降り注ぐ鮮血が目に入り、赤くぼやけた視界の向こうで、女は顔だけでなく体まで天井に浮き出させていました。少しずつ浮き出してくる女の体には、大小無数の傷がありました。

恐怖と気持ち悪さで私は発狂しそうでした。ありったけの力を振り絞って動こうとするのですが、私の体は完全にフィットする防音の棺桶に押しこまれたように、指一本動かせず、物音ひとつたてることができませんでした。

やがて、はっきりと全貌を現わした女は、私と向かいあった姿勢のままで天井を離れ、ゆっくりと降りてきました。まっすぐ、私をめがけて。

そして、女の体が重なるほどに近づいたそのとき、ドスンという鈍い音とともに、衝撃が私の体を突き抜けました。その直前、私は頭のどこか奥のほうで、小さなつぶやきを聞いたのです。

「こんな顔を見ないで……」

そのまま、私は朝まで気を失っていたようでした。

夢を見たと思いこもうとした私は、枕を見て愕然としました。

べっとりと血がついていたのです。

しかし、それは、すぐに自分の鼻血だとわかりました。あの夢のせいか？　それとも、寝相が悪くて、どこかで打ったのか？　そう考えても、不快な朝でした。

その日は塾の夏季講習でした。朝食をすませて塾に行くと、智と博人はすでに来ていました。

「オイ！　おまえ、見たけ？」

私の顔を見るなり、博人が興奮ぎみに話しかけてきました。

「見たって？　何を？」

「あきこじゃ、あきこ！　オレんとこにも、博人んとこにも来たんじゃ、あきこが！」

智が割りこんできました。

まさか、そんな……。三人が三人ともそろって、おなじ夢を見るなんて……。

「偶然なんかじゃねえって、絶対！」

私たちは、おなじ日に、おなじ爺さんに会い、おなじ話を聞き、おなじ夢を見た……。

私は、あのときの爺さんのつぶやきを思い出していました。

「あきこ、彼もそっちに行ったよ。だからもう……」

そのあと、なんとつづけたのでしょう。

「『だからもう、おやすみ』とかなんとか、いってへんかったか？」

私がそういうと、智が口を開きました。

「違う。『おやめ』っていっとったような気がする……」

智の言葉に、博人も青ざめながら頷きました。

あれから何年も経ちましたが、私たちは、あの出来事を誰にも話さないことにしていました。ただ怖かったからではありません。あの出来事を茶化すと、ただごとではすまなくなると感じていたからです。そう思うのには理由があります。あの朝、実は三人とも鼻血を出していたのです。偶然はもうひとつ重なっていたのでした……。

深夜の山道に赤いTシャツの少年――中村洋治（四十二歳）

それは、昨年のことでした。

長梅雨で何日ものあいだ雨の降りつづいたある夜、私は和歌山での仕事を終え、神戸までの帰り道を急いでいました。高速を使えば二時間ほどで帰れるのですが、その日は料金所までの国道が大渋滞し、数キロを進むのに何時間もかかりそうな気配でした。

しかたなく、私は、山越えのルートを走りはじめました。

行き交う車もない山道をどれほど走ったでしょうか。やがて、眼下に広がっていた街の灯も見えなくなり、漆黒の闇のなかに見えるものといえば、車のヘッドライトが照らし出すわずかな空間ばかりになっていきました。

そのときでした。

目の端に何かが見えたような気がして、私は思わずブレーキを踏んでしまいました。

〈子ども……？〉

そうです、通りすぎたばかりの道の脇に、小さな子どもが座っているのが見えたのです。

反射的に時計に目をやりました。まもなく、午前になろうとしています。

〈こんな時間に……見間違いかな……？〉

しばらく考えていましたが、そのまま走り去ることはできません。

意を決して、私はゆっくりと車をバックさせはじめました……。

注意深く外に目をやると……見間違いではありませんでした。ブレーキランプにぼんやり照らし出された輪のなかに、子どもの姿がたしかに浮かび上がったのです。降りつづく雨のなか、その子は傘もささず、両膝を抱えるようにして道端にしゃがみこんでいました。

「どうしたんだ、こんなところで……風邪をひくよ」

助手席の窓を開けて呼びかけてみましたが、私の声が届かないのか、子どもは何の反応も示しません。私はドアを開けると、子どものそばまで駆け寄りました。

男の子でした。赤いTシャツを着て、麦わら帽子をかぶっています。

「どうしたの？　こんなところで。家はどこ？」

話しかけましたが、男の子はたいした反応も見せず、足もとにできた水たまりをじっと見つめています。

そのとき、何の前触れもなく、私の背中に「ゾクッ」と寒けが走りました。いままでに経験したこともないような、悪寒にも似たいやな感覚でした。

しかし、まさかこんな場所に子どもをひとり置き去りにすることはできません。

「お父さんやお母さんが心配しているから、送ってあげよう。家はどこ？」

私の言葉に、男の子は初めて顔をあげました。そして、暗い夜道の先を指さしながら、

「妹を探しているの……」

といいます。

「妹って……ここにいるのかい？」

「わからない。ふたりで遊びに来たんだけど、はぐれちゃって……」

男の子はいまにも泣きだしそうな顔つきになっています。

「とりあえず、一度家に帰ったほうがいい。さあ、車に乗って」

「ダメだよ。僕がここを離れたら、妹が迷っちゃう。ねえ、僕といっしょに妹を探して」

そういって、男の子は立ち上がりながら、私の手を「ギュッ」と握ってきました。その

手はとても冷たく、私は反射的に振りほどこうとしましたが、握る力は思ったより強く、放すこともできません。

「こっちだよ」

男の子は私の手をひきながら、一歩足を踏みだしました。その足が、さっきまで男の子が眺めていた水たまりに入っていくと、そのまま、スーッと吸いこまれるように消えていくのです。膝、腰、胸、肩……。男の子はどんどん水たまりに呑みこまれていきます。そして、強く手を握られたままの私も、逆らうこともできず、水たまりのなかへ……。

気がついたとき、私はスクランブル交差点の真ん中に立っていました。どこにでもあるような交差点ですが、見覚えはありません。たくさんの人が交差点を横切っていきます。ただ、妙だなと思ったのは、車の姿が一台も見えないのです。そして、歩いている人たちはみんなおなじ方向に向かって黙々と進んでいきます。無表情で、話し声ひとつ聞こえてきません。私はしかたなく、その群れにしたがっておなじ方向に歩きはじめました。

交差点を渡り終えると、いきなり大人の背丈ほどもあるスス キ野原が見渡すかぎりに広がっていました。ふと気がつくと、あんなにたくさんいた人たちがかき消すようにいなくなり、私ひとりが歩きつづけています。

どのくらい歩いたでしょう。

やがて、私は大きな河のほとりに出ました。ふと見ると、河の下流に朱色をした橋がひとつかかっていて、そこに人影が見えました。

〈あそこに行かなくちゃ……〉

理由はわかりませんが、なぜかとっさにそう思いました。

私が橋のある下流に向かおうとした、そのときです。

「そっちに行っちゃダメだよ」

叫ぶような声に振り返ると、ススキの高い穂のなかに、赤いTシャツを着て麦わら帽子をかぶった男の子の姿がありました。

「ここはどこなんだ？」

大声を出してそう尋ねたのですが、男の子は何も答えず、そのまま走り去ろうとします。私はあわててそのあとを追いました。その瞬間、何かにつまずいて、勢いよく転がると、そのまま気が遠くなっていったのでした……。

つぎに気がついたとき、私は小さな病院のベッドにいました。

雨が降る県道の脇に倒れていたところを通りがかった人が発見し、救急車を呼んでくれたのだそうです。

翌日、病院で受けた検査では、何も悪いところはなく、貧血だろうという結果に終わり、つぎの日には退院してもいいということになりました。

そして、その夜が来たのです。

夜中に喉の渇きで目を覚ました私は、病院の受付のところに自動販売機があったことを思い出し、小銭を握りしめて病室を出ました。階段をおりて玄関のところまで来ると、無人の受付の横を通って自動販売機で大きめのお茶を買いました。

診療所のまわりは田畑が広がるばかりで、街灯ひとつなく、相変わらずしとしとと雨が降りつづいています。

買ったばかりのお茶を一口飲み、病室に帰ろうと歩いていると、廊下の向こうから何人かの集団がこちらに向かってきました。

〈こんな時間にどうしたんだろう〉

不審に思って立ち止まると、それは医師と看護師の一団でした。そのほかにも数人の大人がいて、小さなストレッチャーを取り囲んでいます。すれちがいざま、ストレッチャーの上の小さな姿が目に飛びこんできました。女の子が胸の上に手を組んで寝かされています。一目で、生きていないことはわかりました。

顔の横から短く編みこまれたお下げ髪が垂れ下がっています。すがりつくように嗚咽《おえつ》を漏らしているのは、女の子の両親でしょう。

しかし、私が驚いたのは、その一団の後ろからついてくるひとりの子どもの姿でした。あの子です。真っ赤なTシャツに麦わら帽子をかぶったその姿は、紛れもなく、雨のなか道端に座りこんでいた男の子だったのです。

「妹に会えたんだ……」

彼は私の前を通りすぎるとき、そういいました。

「ありがとう、お兄ちゃん……」

初めて笑った男の子の顔は傷だらけでした……。


翌日、私は女の子のことを看護師に尋ねてみました。どうしてそんなことを気にするのか、初めは訝《いぶか》っていた看護師も、やがて不幸な事故の顚末《てんまつ》を話してくれました。

私が倒れていたあの日の夕刻、県道で大きな事故が起きたのだといいます。雨に濡れた道路でスリップした大型トラックが、虫取りに来て道の端を歩いていた幼いふたりの兄妹を巻きこんでしまいました。先に車に気づいた兄は妹をかばい、自分は即死だったといいます。そして、救急車で運ばれた妹も、ついに息を引き取ってしまったということでした。

「お兄ちゃんのことが大好きだったようでね、最後まで『お兄ちゃん』と呼びつづけていました」

看護師はそういって、そっと目頭を押さえました。

事故当日、ふたりは買ってもらったばかりのお揃いの真っ白いTシャツを着て出かけたそうですが、兄のシャツは血にまみれ、真っ赤に染まっていたといいます。

そのあと、私の耳に看護師の声は届いてきませんでした。

あのTシャツは……あの子の血の色だったんだ……。

あの降りしきる雨のなかで、血にまみれたまま妹を待っていた男の子の姿が脳裏に浮かび、私は激しい胸の痛みを覚えたのです……。

それから数週間後、私はふたたびあの場所を訪れました。

日差しはすでに強い夏のものに変わっていましたが、あの水たまりがあったあたり、男の子が座りこんでいたところで、私は長いあいだ考えていました。

あの男の子は、妹の生死を確かめたくて、この世にとどまっていたのでしょう。

では、私を不思議な世界に導いたのは、なぜだったのでしょう？　本当に妹を探してほしかったのでしょうか？　それとも、ほかに目的があって……？

答えは見つかりません。

私は事故現場に建てられた小さな供養塔に、持ってきた花束を手向《たむ》けました。

「もう、これで待たなくてもすむな。これからはいっしょだね」

手を合わせると、熱いものがこみあげてきます。

そのとき、ふと背後に気配を感じた私は振り向いてみましたが、そこには誰もいませんでした……。

しかし、私には聞こえるのです。山のなかのどこかで遊んでいる幼い兄妹の元気な笑い声が……。

いまでも街を歩いていると、知らず知らずのうちに、私はあの男の子の姿を探してしまうのです。

絵のなかの七人が振り返ると……

――山代れいな（三十四歳）

あれは十年前のことです。こうしてお話しできるようになるまで、十年という月日が必要でした。それでも、いまも心が痛み、悲しみは消えないのですが……。

ことの発端は、母からの電話でした。

大学の卒業を間近に控え、なんとなく慌ただしくしていた私は、そのころ、実家にあまり連絡をしていませんでした。連日深夜までのバイトもつづけていたので、心配して電話をしてきたのだと思ったのですが、母は、「あなたがほしがっていた絵のことだけど」と切り出しました。

その絵とは、夏休みに帰省したときに祖父のコレクションのなかに見つけたもので、たしかに「ほしいなあ」とはいいましたが、もうすっかり忘れていました。

その絵を私宛に宅配便で送ったというのです。

縦五十五センチ横七十五センチもの絵が、この狭いワンルームに届けられるというのは、少し困ったものです。しかし、もうすでに発送してしまったというのですから仕方がありません。

母としばらく話をし、受話器を置いたとき、チャイムが鳴りました。

例の絵がもう届いたのです。

梱包を解いた私はしばらく思案したあと、その絵をベッドの頭の上の壁にかけてみました。でも、この部屋にはあまり似つかわしくありません。

それは日本画で、江戸時代の町の風景が描かれています。遊女がふたり、天秤棒をかついだ物売り、飛脚、武士、小間物屋の前に座る町家の娘とその母親らしい女……合計七人の人物と、犬も一匹いました。不思議なことに、どの人物もみんな後ろ向きに描かれているのですが、いまにも動きだしそうな躍動感がありました。

部屋には似合わないものの、その絵には妙に惹きつけられるものがあって、やはりそこに飾ったままにしておくことにしました。

数日後、大学のコンパがあってバイトを休んだ私は、酔っ払って帰宅しました。久しぶりのアルコールが体も頭もしびれさせて、玄関を入ると、すぐにベッドに倒れこんでしまいました。仰向けになって大きく深呼吸しながら、何気なく絵のほうを見ると、なんだか、少しようすが変わっているような気がします。

「ん……？」

起き上がって、絵を正面から見ました。

何も変わったことは……、ありました。

全員後ろ向きだったのに、遊女ふたりがこちらを向いているのです！

「なに！　これ！」

思わず叫び声をあげていました。

すると、ふたりの遊女が私を見て「ニッ」と笑ったのです。そして、ひとりが、

「みんなが振り返るとね……」

というと、もうひとりが、

「おまえは死ぬんだよ……」

とつづけたのです。

私は絵から視線を外すと、枕に顔を埋めました。

〈悪酔いしちゃっただけ……今日は飲みすぎ！〉

必死になって自分に言い聞かせるように、何度も繰り返しているうち、眠ってしまいました。

翌朝、目を覚まし、重い頭を持ち上げるように、そっと絵を見ました。全員後ろを向いています。

〈やっぱり！　飲みすぎだよね〉

そう納得して、胸を撫で下ろしました。

その日もバイトで遅くなり、帰宅はやはり深夜になってしまいました。

ドアを開けるとき、少し緊張しましたが、明かりをつけると、絵にはなんの変わりもありません。何も起こるはずはないとわかっていて怖がる自分が少しおかしく、ひとりで笑ってしまいました。

しかし、明かりを消してベッドに入ると、やはり絵のことが気になってしまうのか、どうしても視線がそちらのほうに行ってしまいます。そのうち、睡魔が襲ってきました。

どのくらい経ったかわかりませんが、ふと目を覚ますと、頭の上のほうから何やら人の話し声のようなものが聞こえてきます。なんだろうと目を向けると、暗がりのなかにぼんやり浮き上がった絵が見えました。

「みんな振り返ったら……」

天秤棒をかついだ物売りが、愉快そうに笑いながら、

「おまえは死ぬんだよ……」

といって、くるりと向きを変えたのです。

声も出ない私は、跳び上がって部屋の明かりをつけました。

すると、絵はまた元どおりになっていたのです。

〈夢……？　絶対に、夢〉

そう思っても、部屋を暗くする勇気はなく、その夜は明かりをつけたまま眠りました。

そして次の日、「夢」のなかで今度は飛脚がこちらを向きました。その口から出たのは、

「おお、忙しい、忙しい。死に神がやってくるよ」

というものでした。

私が覚醒しているときにはなんの異変もありません。でも、起きていられなくてうとうとすると、絵が変化するのです。私はこの現象は自分の精神的なものだと思いこみました。そして、すべてを見きわめたいという気持ちになっていったのです。ですから、次の日にも自分の部屋に帰り、じっと絵を見ていました。

やはり、起きているあいだは大丈夫でした。

でも、意識がなくなってくると、武士が振り向きました。

「所詮《しょせん》は逃《のが》れられぬさだめ……」

こんなことが毎日つづくと、だんだん腹が立ってきました。バイトが忙しすぎてストレスがたまっているせいなのでしょうか。

「なんとかしてよね。この冗談……」

といいながら、絵を見た私は、あることに気がつき、体を硬くしました。

いままでに五人振り返っています。残るのは町人の娘と母親らしい人……。もしかしたら、このふたりはいっしょに振り返るかもしれません。初めの日に遊女がふたりいっしょに振り向いたように……。ということは……。今夜……？

信じられないことでしたが、さすがに背中に寒けが走りました。

私はあわててボーイフレンドの政樹の携帯に連絡を入れました。私の説明がどのくらい通じたのか、政樹がどう感じたのかはわかりませんが、とりあえず、その夜は私の部屋に来てくれることになったのです。

約束の時刻にちょっと遅れて、政樹は私の家に着きました。ひとりでは部屋に入れなかった私は表で待っていて、ふたりいっしょにドアを開けたのです。

そっと絵を見ましたが、変化はありません。

「へえ、たしかに変わった絵だなあ。でも、ひょっとしたら、有名な画家の作品かも」

少しばかり絵に心得のある政樹は、感心したようにつぶやいていました。

やがて夜も更けてきたので「ワインでも飲む?」とグラスを取り出すと、政樹は「飲みすぎると酔っ払って、また変なもの見ちゃうぞ」とからかいましたが、私は飲まないではいられないような心境でした。

アルコールのせいか、ぼんやりしてきた私はベッドに横になり、政樹はホットカーペットの上で、いつの間にか眠ってしまいました。

何時ごろかわかりませんが、息苦しさに目を覚ました私の耳に、声が聞こえてきました。

「運の強い女だ……」

「身代わりがいるなんて」

「愛していたから、しかたないさ」

怒っているような、笑っているような声です。

〈身代わり……？　愛して……？〉

胸が締めつけられるようないやな予感がありました。

私は恐る恐る体を起こし、ベッドから降りると政樹の肩に手をかけました。しかし、そのとき、政樹はカッと目を見開いたまま、すでに冷たくなっていたのです。

ゆっくり顔をあげた私の前には、にんまり笑っている七人の顔がありました。

三輪車で襲いかかる男の子――柏木茂（四十歳）

二十五年前、十五歳だった私と母が体験した、いま思い出しても胃がギュッと締めつけられるような話です。

私たち家族は近畿地方のある農村に住んでいましたが、ある冬の日、親戚の法事があって、母と私だけが出かけたのです。帰りはもうとっぷり暮れ、外は吹雪になっていました。

風は刺すように冷たく、母も私も体を丸めて急ぎ足で歩きました。そのとき、寒いはずなのに、どういうわけか、腋の下にいやな感じの冷や汗が流れていたことを覚えています。

母と支え合うように歩いていると、後ろから、

「ギーッギーッ……」

と、泥まみれの金属が無理やり擦りあわされているようないやな音が聞こえてきました。歯茎が痒《かゆ》くなって、歯が浮きそうになる音です。

いやな音の正体は気になるのですが、それよりも恐怖心のほうが強く、ふたりとも振り返らないでひたすら歩きつづけました。

やがて、音は聞こえなくなり、ホッとしたのもつかの間、前方にポッカリと黒い空間が見えてきました。吹雪いているのに、そこだけまったく雪のない地面が現われたのです。

不思議に思いながら近づいていくと、そこに黒っぽい塊のようなものが見え、それがゆっくり動きはじめたのです。

それは三輪車に乗った五歳くらいの男の子でした。

母もおそらくおなじだったと思うのですが、私はその状況がいったい何なのか、わけがわかりませんでした。こんな寒い吹雪の夜、外で三輪車に乗って遊んでいる子ども……。

しかし、さっきの「ギーッギーッ……」という音がその三輪車からふたたび聞こえはじめたとき、いいようのない、体の芯を突き抜けるような悪寒が走りました。

母は、大きく息を吸いこむと、意を決したように話しかけました。

「ぼく、こんなところで何をしているの？　寒いし、お母さんが心配してるわよ」

「心配なんか、してないよ」

子どもの声で返事がありました。

母がさらに声をかけようとしたとき、急に男の子は振り返り、

「だって……こんなだから、心配しないよ」

その顔を見たとたん、母も私も「ギャーッ」と叫び、腰から地面に落ちました。

振り向いた子どもは、急に顔だけが大きくなって、しかも、それは八十歳くらいのおじいさんの顔つきだったのです。片目を閉じて、もう片方は大きく見開いていますが、白目が血走っていました。そして、ぺしゃんこにつぶれた鼻と黒い乱杭歯《らんぐいば》の並んだ口……。

そのうえ、体は向こう向きのままです。つまり、首が百八十度まわっているのでした。

「ギーッギーッ……」

声も出ない私たちに、三輪車の音が近寄ってきます。

その顔はいきなり、私の目の前にありました。

「こんなだから……誰も心配しない……」

そういいながら、「ギーッギーッ……」と、私たちの周囲をまわるのです。

そして、突然、三輪車を止めると、母に向かって、

「だっこして……」

と、腕を伸ばしてきました。

私は腰を抜かしたまま、手に触れた石を握りしめると、男の子に向かって、夢中で投げつけました。

「ギャッ！」

鈍い音と悲鳴が重なり、血管だらけの目が私を激しく睨みつけてきます。男の子は飛ぶように私に襲いかかってくると、突然、大きく口を開けて、私の首筋にかみつきました。

生臭いにおいがあたりに充満し、首に歯が食いこんできました。

〈食いちぎられる……！〉

恐怖のあまり、目を閉じ、後ろに大きく倒れこんだ、その瞬間……。

子どもの姿は消えていました。

そのあと、どうやって家まで帰ったのか、憶えていません。ただ、膝も手も擦り傷だらけで、血がにじんでいました。

父はたいへん驚き、ふたりの見たものを詳しく聞いてくれたのですが、「こんなことは誰も信用しないから、外では絶対にしゃべるな」と釘を刺し、母も私も頷いたのでした。

しかし、それから数カ月後、村のお寺で集まりがあったとき、「信じてもらえないかもしれないが……」と、ひとりの老人が「恐怖の三輪車の子ども」の話を始めました。すると、ほかにも「私も見た」「オレも追いかけられた」という人が出てきたのです。

住職は静かに聞いていましたが、「その土地を調べてみるのがいいだろう」と結論を出し、昔、そこに何があったのか、お年寄りたちに聞いてまわったのでした。

その結果、空き地になっているその場所には昔、家があって、若い女性がひとりで住んでいたということがわかりました。両親の死後、都会から戻ってきたその女性が、いつの間にかいなくなっていたことに、村の人たちは長いあいだ、気がつかなかったといいます。

住職は、その話を聞くと、問題の土地を掘り返してみました。すると……。

そこから、ボロボロになった木製の茶箱が出てきました。そして、そのなかから、何片かの小さな骨とおもちゃの三輪車が出てきたのです。

「あの娘さんは、お腹に子どもがいたようだ」

そう話すおばあさんがいたので、役所にも問い合わせてみましたが、出生届はありませんでした。

「あそこでひとりで産んで、赤ん坊をそのまま床下に埋めた……？」

真相を知ることはできませんでしたが、住職が骨と三輪車を供養し、お寺のお墓に埋葬したところ、その日を境に「三輪車に乗る男の子」の姿を見る人はいなくなりました。

不思議な修学旅行列車——青山拓（十九歳）

「母さんの携帯を貸してあげるから、塾が遅くなったら、ちゃんと連絡するのよ。十一月にもなると、陽が落ちるのは早いし、暗くなると、このへんは物騒なんだから」

母さんの言葉を思い出しながら、ボクは塾が終わると、駅まで走り、電車に飛び乗りました。テストの点は気になるけれど、来週は修学旅行。空いている席に座ると、ボクはいそいそと『日光修学旅行のしおり』を取り出しました。

このごろ、クラスのみんなは寄ると触ると、修学旅行の話ばかりしていました。お土産の話や枕投げの話で盛り上がって大騒ぎなのですが、ボクは、いつも、みんなの話にはついていけません。心のなかではみんなといっしょにはしゃぎたいと思っているのに、うまく口に出せないのです。

ボクは「ねむりねこ」を見るのを楽しみにしていました。実際は小さいんだよと先生がいっていたけれど、どのくらいなのかあ、と考えているうちに、なんだか瞼《まぶた》が重くなってきました。

「まあ、こんなところにいたの」

頭の上で怒ったような声が聞こえたので、薄目を開けると、眼鏡をかけた女の人がボクをじっと見つめ、それから、にっこり笑いました。怒っているわけではないようです。

「さあ、こっちよ。いらっしゃい」

その人はボクの手を引くと、電車のなかをずんずん歩きはじめました。頭がぼんやりして、足もとはフワフワと頼りない気がしました。それに電車のなかは霧がかかったような感じです。いったいどこまで歩くんだろう、なんでこの電車はこんなに長いのだろう、と思ったとき、女の人がピタッと立ち止まりました。そして、つぎの車両につながるドアを開けました。とたんにぱあっと明るくなって、たくさんの視線がボクに集中しました。

「六年一組のみなさん、お待ちかねの転校生です」

「待ってました」

大きな拍手でボクは迎え入れられました。

でも、ボクが転校生ってどういうことでしょう？

「えーっと、名前は？」

女の人がボクの顔を覗きこみます。

「あ、あの、青山拓です」

「そう、拓くんね。八班が三人だから八班に入って。八班の人、こっちに来て！」

先生が手招きすると、男の子がひとり、女の子がふたり走り寄ってきました。

「あ、あの、転校生じゃないです。何かの間違いです。家だって引っ越してないし……」

ボクが必死で説明すると、先生や八班の人は不思議そうな顔で、

「じゃあ、なんで修学旅行列車に乗っているの？」

と聞きました。

修学旅行列車というのは、目的地に直行する文字どおり修学旅行の専用列車です。

でも、ボクは塾のあと、普通の電車に乗ったはずだけど……。

「……どこかで乗り違えたのかな」

「この列車は日光まで止まらないのよ。それに、あなた、ちゃんと『日光修学旅行のしおり』を持っているじゃない」

やさしかった先生の口調が少し冷たくなりました。

どうしようと思うと、いつものように体がこわばって、言葉が出てきません。

そのとき、背が高くてきりりとした眉毛の女の子が出てきて、ボクの手を取りました。

「私、福原智子。よろしくね」

「ボク、三木浩一」

丸顔で笑うと目がなくなってしまう男の子も、ボクの反対の手を握りました。

「さあ、早くウノやろうよ。四人だとおもしろいよ」

ボクはふたりに手を引かれ、ズルズルと四人がけのボックス席に座りました。

「私は井口愛子」

席にいた女の子がそういうと、さっさとウノを配りはじめました。こんなふうに友達とウノをするのは初めてです。ボクはいつの間にか夢中になっていました。

「ねえ、拓くんは修学旅行で何が楽しみ？」

八回めのウノを配りながら、愛子が聞きました。

「ええと、ねむりねこ」

「わあ、私もよ。気が合うね」

愛子は嬉しそうにボクの顔を覗きこみ、ボクはなんだか照れ臭くなって頭を掻きました。

「私はね、陽明門。ひとつだけ反対の模様があるっていうから、それを探すのが楽しみ。陽明門はあまりにも素晴らしすぎるから、魔よけにそうしたのよ。完璧すぎるとよくない。ちょっと違ったところがあるほうがいいって、昔の人は考えたらしいの」

眼鏡の縁を持ち上げながら、落ち着いた調子で智子が話しました。

「オレは見ざる、言わざる、聞かざる」

浩一は目、口、耳に手をあてながら、ひょうきんな表情をしました。

「拓くん、さっきから気になっていたんだけど、その胸ポケットのなかは、なあに？」

愛子が、またボクに顔を近づけながら聞きました。

「え、携帯？」

「携帯って、携帯だよ」

「携帯っていったら、携帯だよ。携帯電話。ボクのじゃないよ。お母さんのだけどね」

こんなふうにはっきりと話ができるなんて、ボクはなんだか自信をもって、携帯を出して見せました。三人は頭をぶつけるような勢いで覗きこんできました。

「へえっ、すごいなあ」

「いつか電話が持ち運びできるようになるってテレビでいってたよね」

かわるがわる携帯を手に取って物珍しそうに見ています。

「みんなは持っていないの？」

ボクがそう聞くと、三人はチラッとおたがいの顔を見やって、ポッカリと開いた暗い目でボクを見ました。その瞬間、ボクの背中がひんやりしました。

「持ってない……。拓くんはこれでお母さんとお話しするのね」

智子がそういうと、

「母さんともう一度、話がしたかったな」

と、浩一がつづけました。

「日光のお土産も渡したかった」

愛子も寂しそうにいいます。

頭が混乱してきました。ボクにはみんなのいっている意味がよくわかりませんでした。


「ぼうや、鳴ってるぞ。早く出ろ」

誰かに肘をつつかれ、ボクは携帯の通話ボタンを押しました。

「拓？　何やってるの？　いま、どこ？」

「いま？　日光に向かってるところ……」

「何寝ぼけてるの？　電車のなかね。母さん、迎えに行くから」

ボクがあわてて立ち上がると、塾のかばんがどさりと落ちて、隣に座っているおじさんが迷惑そうに顔をゆがめました。

ボクは駅に迎えに来てくれた母さんに修学旅行列車の話をくわしくしました。いつになく真剣な顔をして聞いていた母さんは、しばらく考え事をしたあと、こんなことを教えてくれたのです。

「ずいぶん昔のことよ。もう三十年以上前だと思うわ。この近くで修学旅行列車が脱線したのよ。先生と生徒三人が亡くなったの。男の子ひとりと女の子がふたり……」

次の日、ボクは事故現場だというところに母さんといっしょに行きました、そこには愛子によく似た丸顔のお地蔵さんが立っていました。

あれは、ほんの数分の出来事だったのかもしれません。

ボクは花を供えると、そっと手を合わせました。

「みんなのかわりに、日光に行ったら、いっぱい見てくるよ。愛子はねむりねこ、智子は陽明門、浩一は三ざるだよね」

あれから七年の時が流れましたが、ボクを仲間に入れてくれた三人の友達のことを、決して忘れることはないと思います。

姿の見えない「遊び友達」——森由枝(二十九歳)

これは、ほんの少し前、私の息子が三歳だったころの話です。

二歳のころは何を話しかけても、まだまだこちらのいうことが理解できず、自分の思うことうまく伝えられなかった息子でしたが、三歳の誕生日が過ぎると、少しずつ社会性も身についてきて、私もほんの少しだけ育児に余裕がもてるようになってきていました。おしゃべりの好きな息子は、一日じゅう、私の後ろをついてまわり、「あれ何?」「これは?」「どうして?」と、目につくすべてについて、質問攻めにしてきます。そのため、家事をこなすのも一苦労でした。

そんなある日のこと、気がつくと、息子はひとりで自分の部屋にこもり、何やら独り言をいいながら遊んでいます。思えば、朝食が終わってから二時間近くもそうしているのです。「ひとり遊び」のできる時期にきたのかなあと、その変化に驚きました。

午後になっても、私のほうには見向きもせず、つぎつぎにおもちゃを出してきては、やはり独り言をいいながら遊んでいました。翌日も、朝食が終わると、すぐに子ども部屋に飛んでいってしまいました。

私はどんどん用事が片づいて、夕飯の下ごしらえまでしてしまうと、ちょっとようすを見てみようと、息子の部屋に行ってみました。

「今日もおりこうやね。ずっとひとりで遊んで」

私が声をかけると、息子は、

「だって、お兄ちゃんが遊んでくれるもん!」

と、答えます。

私は意味がわからず、しばらくその場に座って息子のひとり遊びを見ていました。おままごと遊びで、かわいいお茶碗やコップを並べ、お皿にプラスチックでできたオムライスを載せると、

「はい、どうぞ」

と、まるで前に誰かがいるように話しかけています。

私のことなど、まるで目に入っていないかのようでした。その遊びを見ながら、腕のあたりがなぜかゾクゾクしてきたことを憶えています。

その夜、息子が寝てから、夫に昼間の話をしました。

「子どもにはよくあることだよ。想像の世界で遊んでるんだ。気にすることなんかないさ」

夫はそういいます。私も、そんなことだろうとは思っていましたから、おなじ意見を聞くことができてホッとし、安心して休むことにしました。

お風呂に入って、いつものように、息子のようすを見てから寝ようと思い、子ども部屋に向かいました。そして、ドアの前に立ったときです。

「カチャ、カチャ……」

なかから何か物音が聞こえてきました。

「チーンッ！」

それは、お誕生日に買ったばかりのおもちゃのレジスターの音でした。お買い物に興味が出てきた息子がいちばんほしがっていたおもちゃです。

〈こんなに遅くに、起きだしてきて遊んでるのかしら？〉

そんなことは一度もなかったので、どうしたのだろうと、ドアを開けると……。

息子はベッドの上でスヤスヤと眠っています。そして、夕食のあと、いっしょに片づけたはずのレジスターがポツンと床の上に置かれていたのです。

私は怖くなって、すぐに夫に話したのですが、笑ってとりあってくれません。そのまま、寝苦しい夜を過ごし、次の日の朝。息子は起きてくるなり、「お兄ちゃんと遊ぶ！」開口一番こういうのです。

朝食を食べるのももどかしそうで、パンやハムエッグを大急ぎで口に押しこむように平らげると、牛乳を一気に飲んで「ごちそうさま！」と、イスから飛び降りました。

私はもうたまらなくなって、「ちょっと待ちなさい。ちゃんとゆっくり食べてからにして！」というと、半泣きの顔で「だって、お兄ちゃんが待ってる！」と訴えます。

「お兄ちゃんなんて、いないでしょ。今日も昨日も、誰も遊びに来ていないでしょ」

気持ちを落ち着かせて、なるべく威圧的にならないよう静かにいいましたが、息子は、

「いるもん！　遊んでるもん」

と、繰り返すばかりです。

ちゃんと話を聞かなければと思いました。

「お兄ちゃんって、なんていう名前なの？　どこから来るの？」

と聞いてみると、

「お名前、知らない。お兄ちゃんだよ。天井から来たり、押し入れから出てきたりする」

そんな答えが返ってきました。

その日は、「お天気がいいから、公園に遊びに行こう。お昼はファミレスで、ハンバーグを食べようか」と、息子が喜びそうな提案をして、私たちは家を出ました。

しかし、午後、家に帰ると、息子は「お兄ちゃんと遊ぶ」といって、また自分の部屋に駆けこんでしまったのです。とめようがない私は、しかたなく、いっしょに子ども部屋に行き、じっと息子の「ひとり遊び」の姿を見ていました。

息子と「お兄ちゃん」は、楽しそうに遊んでいます。

そのまま見ていようと思ったのですが、夕飯のしたくもあり、私は部屋を出ていきました。すると、「お買い物ごっこ、しよう」という息子の声につづいて、

「カチャ……カチャ……チーンッ！」

レジスターの音が聞こえました。

とにかく、手早く夕飯をつくり、子ども部屋に戻ると、夫が帰ってくるまで、ずっと座って息子のようすを見ていました。「お兄ちゃん」が息子を連れていってしまうのではないかというような、いわれのない不安が膨らんでいたからです。

その夜は、息子を私たちの部屋に連れてきて寝かせました。いつもはひとりで寝かせているので、私たちのあいだで嬉しかったのか、息子はなかなか寝つかれないようでした。何冊か絵本を読み聞かせ、そろそろ眠そうな目になったとき、突然、

「バイバイ」

息子は天井に向かって手を振りました。

「どうしたの？」

「お兄ちゃんがおうちへ帰るんだって」

息子は天井を指さし、そして、何かを追いかけるかのようにスーッとその指を窓のほうに向けました。すると、カーテンが風に吹かれるように「フワッ」と揺れたのです。

……窓は閉じられて、風が入るはずもないのに……。

このときは、さすがに夫も体を強張《こわば》らせていました。

ただ、息子だけが、

「ア〜ア、行っちゃった……」

と、ひどく残念そうにつぶやいていました。

翌日、息子はもう自分の部屋に駆けこむようすもなく、以前のように、私の後ろを追いまわしてきました。

子ども部屋に行き、あれはいったい何だったんだろうと思いながら、おもちゃのレジスターを片づけようとした私は、あることに気づいて、思わず、レジスターを落としてしまいました。

レジスターには電池を入れていなかったのです。単四の電池が必要だったのですが、ちょうど家になくて、「今度買ってこようね」と約束したままになっていたのです。

では、どうして？ 私がたしかに聞いた「カチャ……カチャ……チーンッ！」という音は……どうして、鳴ったのでしょう？


いま息子は五歳。あの日のことは何も憶えていないようです。

「お兄ちゃん」は、あれ以来一度も現われず、もちろん誰だったのかわかりませんが、私にはひとりぼっちで寂しい「霊」だったという気がしてなりません。

息子としばらく遊んで、自分の世界にちゃんと戻ってくれていればいいのですが……。

大雪のなか、下駄の音を響かせて……

大橋公子(四十八歳)

私の祖母は、母にとっては「典型的な姑」でした。時代も時代なら、陸奥《むつ》の田舎での生活のなかで、祖母の母に対する、いわゆる「嫁いびり」は、子ども心に忘れられないものとなりました。醤油をこぼしたといっては怒鳴りつけ、子どもの誰かが風邪をひいたといっては、その責任がすべて母にあるかのように責め立てました。

祖母の口癖は、「格下の家から嫁にもらってやったのだから、ありがたく思え」というものでした。

祖母は、家歴だけは相当に古い網元の長男の嫁で、生家は呉服を手広くあきなう商家でした。

私の父は次男でしたので、長兄が家督を継ぎ、父は分家として一家をなしていました。この長兄の嫁が、また強い人で、それればかりでなく、料理、裁縫とできないものはなく、本家では、さすがの祖母も遠慮していたようでした。

祖母の母に対するいびりには、日ごろの鬱憤《うっぷん》晴らしという意味もあったのかもしれません。しかし、女の子しか産まなかった母に対する祖母の態度には、私たち姉妹も我慢できないことがたびたびありました。人目を忍んで泣いている母の姿も何度も見ました。

祖母はたいへん美しい人で、化粧ひとつするわけではありませんでしたが、うりざね顔の肌は白く、切れ長の目が印象的で、鼻筋が通り、形のいい唇はいつもつやつやしていました。豊かな髪を結いあげて、和服姿で高歯の下駄を好んではいていました。

「カラーン、コローン……」

垣根越しに下駄の音が聞こえてくると、母の体が硬直するのがわかりました。

私は、そんな母のおとなしさがもどかしく、同時に哀れで仕方がありませんでした。ですから、祖母の座る座布団に蜂蜜を垂らしておいたり、沸騰させたお茶を出したりと、ささやかな仕返しをしていたのです。しかし、あるとき度が過ぎて、庭にこしらえた落とし穴に祖母を落としてしまったことがあります。祖母はそのとき、足を挫《くじ》き、生涯少し右足を引きずって歩くようになってしまいました。

そんな祖母も寄る年波には勝てませんでした。風邪をこじらせてから寝こむようになり、本家の一室で寝ついたままになってしまったのです。しかし、口だけは達者でした。見舞いに行った母に対する態度にはいささかの変わりもありません。

「おまえの世話には絶対にならない。長男に穴を掘ってもらって、死ぬときには自分で穴に入るから、ほうっておいてくれ」

というのが、そのころの口癖だったといいます。

けれども、母は愚痴ひとついわず、風呂に入れ、下《しも》の世話をしていました。

「自由にならない体が、心にもないことをいわせてるだけ。年をとるというのは順番だからね」

そういって、笑っていました。

祖母が寝ついてから丸二年が経ち、それでもなんとか、米寿《べいじゅ》を迎えることのできた年のある日、どか雪が降りました。半端な雪ではありません。

学校は休みになり、私と姉たちは朝から父といっしょに玄関前の雪かきをしました。そして、昼食をとっていると、

「カラーン……コローン……。カラーン……コローン……」

下駄の音が聞こえてきました。

「あっ！　お祖母さまだ！」

私が声をあげると同時に、母は座布団を用意し、姉たちはお茶をいれに台所に走り、私はあたりを片づけて、祖母を待ちました。

そのあいだにも、右足を少し引きずるような特徴のある下駄の音が近づいてきます。

「カラーン……コローン……。カラーン……コローン……」

そして、玄関前まで来ると、

「カチカチ……」

泥落としの置き石に下駄を打ちつける音がしました。

けれども、玄関の戸を開ける気配は一向にしません。

私は玄関に走っていきました。引き戸の磨りガラスにも、人影はありませんでした。

「そんなバカな……」

父が漏らしたその一言で、母も私たちも奇妙なことに気づいて、声を失いました。

丸二年間も寝たきりの祖母が、訪ねてくるわけがないのです。それに……根雪《ねゆき》の上にさらに大雪が降り積もった道で、下駄の音などするはずがない……。

血相を変えて外に走り出た母を追って、私たちも飛び出しました。どこを見渡しても、祖母の姿どころか、人の気配もありませんでした。

「あれはたしかに下駄の音だった」

父がいえば、母も叫びました。

「間違いござりやせん！　あれは義母さまでござりゃしたよ！　泥落としの置き石まで使って……！」

私たちが大騒ぎをしていると、雪道を転がるように、人影が走り寄ってきました。本家の伯父でした。

たったいま、祖母が息を引き取ったというのです。

「ね、母さま。あれはなんだったのかしら……？」

通夜の席で私が問いかけると、本家の伯母がかわって答えました。

「お別れとお礼をいいに来たのでござりゃすよ」

口ではあしざまにいいながら、祖母はときおり、母に対する感謝の言葉を漏らしていたといいます。その証拠に祖母は、たくさんの形見を母に遺していました。

着物や鼈甲《べっこう》の櫛《くし》、茶道具や小さな瓶に入れられた古銭など、祖母が大切にしていたものばかりでした。母はそのひとつひとつを後生大事にしていました。


「なんで……あんただけ……」——松崎さやか(二十七歳)

私がまだ小学校の低学年だったころ、お向かいに藤井さんという家族が住んでいました。藤井さんの家は警察官のおじさんと、専業主婦のやさしいおばさん、そして、私の兄と同い年の男の子がいて、私の家族とはまるで親戚のように仲良くしていました。

私の母は仕事をもっていたので、小学校から帰ってもひとりぼっちの私は、藤井さんの家に帰る日も少なくありませんでした。母が忙しくても、私が寂しい思いをしないですんだのは、藤井さんのおばさんのおかげだったと思っています。

楽しい子ども時代でした。でも、忘れたいことがふたつだけあります。

ひとつは、藤井さんのおばさんが私を見るとき、ときどき見せたひどく悲しそうな顔。

そして、もうひとつは、私の家の居間にあった日本人形にまつわる出来事です。

家の居間にあった日本人形というのは、立派なガラスケースに収められ、片手に太鼓を持った人形でした。きれいな着物を着て、テレビの上にいつも飾られていました。

テレビの反対側にはピアノがあり、あいだには応接セットが置かれていました。

ピアノを習っていた私はいつもその居間で練習をしていたのですが、日本人形のことを気に留めたことはあまりありませんでした。けれども、ある日を境にそれは、私にとって恐怖以外のなにものでもなくなったのです。

それは、私の七歳の誕生日のことです。

あのころ、お友達を誘って「お誕生会」を開くのは恒例のようになっていましたから、私も仲良しの友達を誘って、お昼ご飯をいっしょに食べ、ゲームなどをして遊びました。

夕方にはみんな帰っていきましたが、いちばん仲良しの浩子ちゃんはお泊りをすることになり、母が居間の応接セットを端に寄せてそこにふたりの布団を敷いてくれました。

その夜のことです。

突然、目が覚めてしまった私は時計を見ました。午前二時でした。こんな時間に目が覚めたことなどありません。布団の上に起き上がって暗がりに目を凝らした私は、何かが違っていることに気づきました。

浩子ちゃんがいないのです。そればかりか、浩子ちゃんが寝ていたはずの布団もありません。そして、いつの間にか、私はパジャマのままテレビの前の日本人形のケースの前に立ちつくしていたのです。

私はあわてて部屋の明かりをつけました。すると、

「キィー……」

微かに鈍い音がしたかと思うと、人形の入っているケースの扉が開きました。

そして、つぎの瞬間。太鼓をかまえた人形がスーッとすべるようにケースから出てきたのです。

私は悲鳴をあげ、後ずさり、部屋を飛び出しました。

「お母さん！　お父さん！」

叫びながら、両親の部屋に飛びこんだのですが……。誰もいません。もぬけの殻なのです。振り向くと、すぐ目の前に人形が浮いていました。そして、

「ポン！」

と、太鼓を叩いたのです。

私は夢中で玄関から外に逃げ出しました。走って、走って、藤井さんの家のチャイムを鳴らしました。でも、真っ暗な家のなかからは何の返事もありません。

「ポン！」

また、真後ろで太鼓の音がします。

私は冷たいアスファルトの上を全速力で走りました。道の両側に立つ街灯は冷たい光を放つばかりで、人っ子ひとりいません。顔のまわりにまつわりついてくる小さな虫を手で払いのけながら、私はただ走りました。

〈助けて！　誰か、助けて！〉

叫ぼうとすればするほど、喉が詰まったようになって、声も出ません。私は足が遅かったのですが、でも、あんなに速いスピードで走ったことはないというほど走りました。

「ポン！……ポン！」

かけっこを楽しんでいるかのように、太鼓の音は等間隔で追いかけてきます。

いつも遊んでいる公園の横まで来たとき、ついに走れなくなりました。

気が遠くなりそうな恐怖のなか、振り向いた私の耳に飛びこんできたのは太鼓の音ではなく、こんな言葉でした。

「なんで……あんただけ……」

気がついたとき、カーテンのあいだから差しこむ光のなかで、すやすやと眠っている浩子ちゃんの姿が、まず目に入りました。

私は汗びっしょりです。

〈夢だったんだ……怖い夢……〉

そう思いながら、ふと痛みを感じて、布団から足を出してみると、パジャマの裾から出た足は泥だらけでした……。

その日から、私は人形を見ることができなくなり、両親に何度も「捨ててほしい」と訴えたのですが、「捨てるのはねえ……」と、顔を曇らせるばかりです。それでも、私があまりに怖がるので、人形は物置に移動することになりました。

そして、傷つかないように新聞紙でくるむことになりました。母がガラスケースを開け、新聞紙を取りに居間を出ていくとき、ひとりでいたくない私は母についていきました。

新聞紙を取りにいっただけですから、数分のあいだだったと思うのですが、戻ってきたとき、ケースの扉はぴったりと閉じられていたのです。まるで、人形がどこにも行きたくないといっているかのように……。

その日から、人形を見ることもなくなり、恐ろしい記憶はだんだん薄らいでいきました。

つぎに人形を見たのは、高校二年生になったときのことです。

十七年住みなれた家を取り壊して、建て直すことになったそのとき、物置に置いてあった日本人形を屋根裏部屋に移動することになりました。

「このあいだ、テレビで『歯の生えるひな人形』っていう番組やってたぞ」

兄が物置から出してきた日本人形のケースを抱えながら、そんなことをいうので、私はあからさまにいやな顔をしてしまいました。でも、まさかそのあとで、兄が人形をケースから出してしまうとは思ってもいませんでした。

「……さやか！」

兄の震えるような大声に、私と両親が屋根裏につづく階段の下に行ってみると、あの日本人形を包んでいた新聞紙がとかれていました。兄は無言で人形を指さします。

「なに？」

母が不審げに覗きこみ、

「ヒッ!」

と小さな声をあげました。

人形の両目から、幾筋もの涙が流れていたのです。それだけではありません。たしか肩のあたりまでしかなかった人形の髪は、帯につくほど伸びていたのでした。

その日のうちに、両親が近くのお寺に人形を納めに行きました。

そして、帰ってきた母がこんな話をしてくれたのです。

「藤井さんの奥さんとは、結婚の時期もおなじくらいで、お兄ちゃんが生まれると、すぐに藤井さんにも男の子が生まれたの。それから、ずっと仲良くしていて、つぎにさやかがお腹にできたとき、藤井さんも妊娠したのよ。今度はきっとふたりとも女の子よ、また仲良くさせようね、なんていっていたんだけど……。でもね、無事に生まれたのは、さやかだけ。藤井さんのお子さんは死産だったの……」

藤井さんは二番めの子どもは女の子だと疑わず、生まれる前から「ひな人形がわりに」と、あの日本人形を用意していたのでした。

「さやかちゃんがかわりに飾って」

涙ながらに、人形を届けにきた藤井さんに、母も慰める言葉はなかったといいます。

あの人形がいつも居間に大切に飾られていたわけも、藤井さんのおばさんが私を見るときに、ときどき目をうるませていたわけもわかりました。

そして、「なんで……あんただけ……」という言葉の理由も……。

生きられなかった女の子の悲しい気持ちが、人形に閉じこめられてしまったのでしょう。

でも、そんな理由がわかっても……私は耳に残るあの和太鼓の音を早く忘れたいのです。

怖い怖い怖い怖い怖い怖い怖い怖い——長崎理恵(二十四歳)

私が両親、妹とともに東京に移り住んだのは、私の高校受験の時期でした。それまでは、特急列車で二時間ほどの町に住んでいたのですが、私たち姉妹のことを考えて、引っ越すことにしてくれたのです。

私たち姉妹がその町にいられなくなった理由は、いじめです。学校で受けるいじめは中学時代ずっとつづきました。なぜいじめられたのか。それは、私が自分でも信じられないような「何か」をもっていたからです。

刀を振りおろす武士を見たり、教室のなかに半分透き通ったような人影を見たりしているうちはまだましでした。やがて、私が歩くそばから教室の窓ガラスが割れるというようなことが起こりはじめると、クラスメイトはあからさまに避けるようになっていったのです。無視されるだけなら我慢もできたかもしれませんが、いじめはエスカレートし、ついに塩酸をかけられそうになったあとは、学校に行くこともできなくなりました。

東京では、初めのうちは田舎にはなかったコンビニに家族で歓声をあげるような日々。楽しい毎日が送れるようになったと思ったものでしたが、それもつかの間のことでした。田舎と違って人口の多い東京では、当然、死者の数も多いのです。とくにプラットホームは最悪でした。胸が息苦しくなるほどの緊張感があり、フッと線路に向かって走りだしたくなります。

そんなある日のこと、人ごみを避け、早朝の電車を待っていた私はいきなり後ろから強い力で押され、ホームから飛び出してしまいました。ちょうど居あわせた駅員さんがすぐに助けてくれましたが、私の後ろには誰も立っていなかったのです。

「なんだかねえ、人に突き飛ばされたとしか思えないような落ち方だったよ」

駅員さんはそういって気味悪そうに私を見ました。

私の体は完全に反り返って、空中浮遊でもしているかのように勢いよく前方に跳び出したのだそうです。

そんな恐ろしい目にあいながらも、でも東京のほうが気持ちは楽でした。田舎で閉鎖的な考え方の人ばかり見ていたせいか、都会には私を受け入れてくれる人たちも多かったことが嬉しかったのです。

ある夜、私は新しくできた友達のことを母親に楽しく話していました。

と、突然……。

母の背後に身長三十センチほどの日本人形が現われたのです。ひどく太っていて、長い前髪越しに私を睨みつけています。ざんばらの黒髪は腰の下まで伸び、赤地に白い小さな花模様がたくさん散った着物を幾重にも着ていました。

ピタリと口を閉ざし、強張《こわば》ったまま空《くう》を見つめる私に母は、「またなの？　もうやめて……！」と、顔をおおって部屋を出ていってしまいました。母には何も見えないのです。

母が部屋を出たとたん、日本人形は消えていました。

私は友達から、霊感が強いといわれている大学生の女性を紹介してもらいました。

どうやら、私には守護霊がなく、背後霊がついているといいます。

「そいつ、男で、生きているときは女癖が悪くてたくさんの女性を泣かせているよ。色黒で短髪、筋肉質」

そう説明してくれました。

私が鏡に向かったとき、背後にときどき現われる男の影とおなじ特徴でした。

「あんたの背後霊、すごく強い。引きこまれそう。気持ち悪くなったから帰るね」

霊感の強いその女性はそういって、よろめくように去っていきました。

そのときは気味が悪いと思ったものですが、日が経つにつれ、日本人形のことも背後霊といわれた男のことも忘れるようになっていきました。

それから何カ月後か、私は携帯電話を購入しました。

ところが、機械音痴なのでいろいろな設定を自分ですることができません。着信メロディも初めから登録されているもので我慢することにしました。

そんなある日の夜、

「お姉ちゃん、携帯鳴ってるよ」

妹にいわれたのですが、私には何も聞こえません。

手に取って確認しましたが、着信履歴も残っていませんでした。

しかし、しばらくすると、

「お姉ちゃん、携帯、うるさい！」

妹が怒ったようにいうのです。

私には何も聞こえないのに……。

そして、その夜からです。毎晩、夢のなかで「あの歌」が流れるようになったのは……。毎晩聞こえる歌をつい口ずさんでしまうようになったある日、妹が「あ、それ。この前、うるさいっていった携帯の着メロ。やっぱりお姉ちゃんの携帯だったんじゃない」と、いいました。

わけがわかりません。私は着メロを聞いていないし、妹に霊感はありません。夢のなかの音楽と着メロがおなじということはどういうことなのでしょうか。試しに着メロを聞いてみましたが、私の夢のなかで流れる音楽とはまったく違います。

いまでは、その歌もうろおぼえなのですが、少しは憶えています。

「赤い雨が降る……。

赤い水たまり。赤い傘をさした女の子、赤い長靴、壊して……。

女の子がまた泣いている……。

木が……木が……木が……」

そんな繰り返しだったような気がします。

夢のなかの風景はどこかの村。女の子はそこにポツンと立っている……。顔が見えない、赤い傘で隠れている……。

あの歌の流れる夢は、習慣のようになっていきました。しかし、あるときからようすが変わりはじめたのです。赤い傘をさしている女の子が歌っていると思っていたのに、いつの間にかその声が変わっていきました。かわいい女の子の声から、野太い男の声へと……。

ひどい頭痛で目が覚めた夜、携帯が闇のなかで仄《ほの》白く光を発し、着信を告げています。メロディは聞こえてきません。

胸にこみあげてくる不安を押さえこんで、携帯を手にすると、

「赤い雨……水たまり……女の子……木が……木が……」

野太い男の声が流れてきました。初めは囁くように、そして、だんだん大きくなり、部屋じゅうに響くような声になってきました。

声にならない叫び声をあげ、私は部屋のなかを走りまわりました。

怖い怖い怖い怖い怖い怖い怖い怖い怖い怖い怖い怖い怖い怖い怖い……。

そして、ふと押し入れの前で立ち止まりました。押し入れのなかにこもろう――。突然ひらめいた「名案」。そのときは、そう思ったのです。

スーッと押し入れの戸を開けると、そこには、あの日本人形が立っていました。俯《うつむ》いて、あの歌を口ずさんでいます。野太い声で……。

そして、重ねて着ている着物を一枚ずつ脱ぎはじめました。一枚脱ぐごとに人形は少しずつ顔をあげていきます。

〈逃げなくちゃ！〉

そう思っているのに、私はその場から一歩も動くことができず、ただじっと人形を見つめつづけていました。

日本人形が顔をあげきったとき、私は自分の意識が薄れていくのを感じました。人形は脱いだ着物を手にして、私のほうに少しずつ近づいてきます。私に着物を着せようとしている。あれを着たら私は私でなくなる……。薄れゆく意識の下で、そう感じていました。

翌日、目を覚ました私は、小さな赤い着物の切れ端を握りしめていました。

私は、あの着物を着てしまったのかもしれません。

国道16号線の幻影――藤島和義(三十三歳)

それは、友人が本人いわく「ちょっとした事故」で車を修理に出したときのことでした。

僕は、夕暮れのなかをとぼとぼ歩いて帰る友人の背中を見つけて、「送っていこうか」と声をかけて彼を乗せました。

走っているうちに夜の帳《とばり》が落ち、国道は墨汁をひっくり返したような闇に包まれました。助手席の友人は車の修理代に十万円もかかると、しきりにぼやいています。

「もらい事故だったんだよな……。俺に非はない……」

僕が尋ねもしないのに、弁解がましく何度もそういいました。

そして、急に前方の五十絡みのおじさんを指さすと、「チッ！」と舌打ちして「あぶねえなあ」と苦々しげにいいました。おじさんは車道であることなどおかまいなしに、道路を歩きまわっています。うつむいて、何かを探しているように見えました。ヘッドライトに照らされたおじさんは、やがてフワフワと反対車線の闇のなかに消えていきました。

急ブレーキを踏むほどの距離ではなく、「酔っ払いだろ」と友人にはいいましたが、そのおじさんは何かが変でした。

「見たか？」

僕は「何かが変」という自分の認識を確認するために、友人に聞いてみましたが、

「ったく、あぶねえんだよな。ああいうの」

と、普段の彼からは考えられないような、ぞんざいな口調が返ってきただけでした。

もらい事故で愛車のフェンダーがベロリとめくれたのでは、イライラするのもわかるの

ですが……。

「あのおじさん、なんか変じゃなかったか？」

もう一度、聞きましたが、

「何が？」

という答えです。

友人は何も気がついていなかったのです。

〈目の錯覚か……？〉

僕は自分に言い聞かせようとしました。そう考えるしかありません。

しばらく行くと……また、路上に人が浮かび上がってきました。

僕は身を乗り出して目を細めました。友人もおなじようにしています。その人も何かおかしいのです。

上半身が闇にボヤッと溶けこんで……見えないのです。下半身だけがヒョコヒョコ歩いているように見えました。ヘッドライトをアップにしてみましたが、やはりおなじです。

「それ」は探し物をするかのように、うろうろしながら、反対車線に消えていきました。

「変だろ……？　絶対、変だよな？」

僕は震えをこらえながら、友人にいいました。

「黒い上着を着てたから、ハレーションを起こして見えなかっただけさ」

友人はもっともらしい説明をしましたが、

「でもさ、その前の人は下半身が見えなかったんだよ……」

僕の言葉に友人は口をつぐんでしまいました。

あまりの重苦しい空気に、僕は室内灯をつけました。そのときの青ざめて幽霊のような顔で震えていた友人の顔を忘れることはできません。よほど怖かったのだと思います。

ふたりは家に着くまで一言もしゃべりませんでした。

数日後の昼間、おなじ場所を通ったとき、ガードレールに供えられた花束と立て看板が目に飛びこんできました。

『轢《ひ》き逃げ事故の情報求む』

と、書いてありました。

酔っ払いが路上で寝ていて、腹部を轢かれたということでした。遺体は分断され、なぜか一部は数百メートル先で見つかったといいます。

その後、国道沿いの中古車屋で友人の車を見かけました。修理はあきらめて売り払ったようです。そして、その日から友人は行方不明になりました。

轢き逃げ犯人がつかまったというニュースは、まだ聞いていません……。

第二章　世にも奇妙な体験談

鍵穴の向こうの「赤」――土井範子（二十七歳）

これは、私が友人から聞いた話です。

ある日、暇をもてあましていた若い男性がふたり、町をうろついていました。あてもなくブラブラしていると、ひとりが「おい」と指さす先には女の人がいました。ふたりとも、その女の人の姿にドキリとしたといいます。その後ろ姿があまりにも素敵だったのです。

「絶対、美人だぜ」

ふたりは惹きつけられるように、女の人のあとを追いました。

ところが、その人は歩くのが速いのか、追っても追ってもその前にまわることができません。やっと追いついたと思ったら、つぎの角をヒョイと曲がってしまうのです。

男性たちは意地になったようにどんどん女の人を追いかけました。

そのうち、だんだん人通りの少ない路地裏のほうまで来てしまいました。そして、女の人は一軒の古ぼけたアパートに入っていってしまったのです。二階のいちばん奥の部屋のドアがバタンと音をたてて閉められました。

「ア〜ア、部屋に入っちゃったよ」

「しょうがない。帰るか」

いったんはあきらめようと思ったふたりでしたが、ここまで来たのですから、一目見たいという気持ちを抑えきれませんでした。

「ノックして、出てきたら部屋を間違えたことにしないか」

「そりゃ、グッドアイデアだ」

ふたりは、足音を忍ばせて部屋の前まで行くと、「コンコン……」と、ドアをノックしてみました。

……返事はありません。物音ひとつしませんでした。

「……ついてきたこと、気づかれたのかなあ」

これ以上しつこくすると、ストーカーだと思われかねません。顔を見合わせて「帰ろうか」と頷きあったのですが、ひとりが、それでも……と、小さな鍵穴からなかを覗いてみました。

「何か見えるか？」

「いや、何も見えないよ。赤いだけだ」

「赤……？　ちょっとかわってくれ」

たしかに目の前は真っ赤で、何も見えません。鍵穴は赤いもので塞がれているようです。

そうでなければ、部屋のなかが真っ赤としか思えませんでした。

ふたりは、少し薄気味悪くなり、足音をひそめるようにしてアパートから出てきたのでした。すると、ちょうど前の路地を掃除しているおばさんに出会い、聞いてみたのです。

「おばさん、二階の奥の部屋に住んでる女の人って、モデルかなんかやってるのかな？」

人のよさそうなおばさんは、

「ああ、あの子ね。あの子はいい子なんだけど、モデルではないと思うよ」

といって、顔を曇らせました。

そのようすがあまりにも不自然だったので、男性たちはなおもしつこく聞きました。

「いい子なんだけど？　いい子なんだけど、どうしたの？」

おばさんは少し困ったような表情を見せましたが、囁《ささや》くようにいいました。

「いい子なんだけどね……。目が……、白目も黒目もなくて……、真っ赤なんだよ」

おばさんは気の毒そうに頭を振りながら、立ち去っていきました。

目が？　真っ赤……？

では、さっき覗いたとき、鍵穴の向こうから覗いていたのは……。

ふたりは、あとも見ず、その場から走り去ったそうです。

邪悪なピエロ人形――安田敦子（二十五歳）

そのピエロの人形は、父がロンドンに出張したときに買ってきたものでした。青いダブダブの服に白い襟飾りをつけ、白粉《おしろい》をぬった顔には独特のあざやかなメイクがほどこされています。そして、ポツンとついた一粒の涙……。体長六十センチほどの物悲しい風情の道化役者。

ロンドンの街の小さな骨董品屋で見つけ、気に入って買ったそうですが、首と腕、足の関節が自由に動き、いろいろなポーズをとることもできました。

でも、私はなぜか「イヤなもの」を感じて、さわってみる気にはなりませんでした。理由はありません。ただ、なんとなく好きになれなかったのです。

ピエロは、私の部屋の隣にある父の書斎に飾られることになり、サイドテーブルの横に足を投げ出した恰好で座らされました。上瞼から下瞼にかけて、赤いシャドーの入ったその目は、どこを見ているのかわかりません。

見方によってはかわいいのかもしれませんが……、何度眺めてみても、やはり、私の好みではありませんでした。

人形が飾られてから三日め……。

奇妙なことが起こりはじめたのです。

当時、浪人生だった私は、両親が階下で寝静まってからも、二階の自分の部屋で受験勉強に精を出していました。

「コトコト……コトコト……」

物音は突然、父の書斎のほうから聞こえてきました。

なんだろうと思いつつ、時計を見ると午前二時です。

両親は眠っていて、階段を上がってくる音も聞こえません。では、あの音は……？

「なんの音……？」

思わず、独り言をいったとたん、

「ガチャン！」

何かが割れるような大きな音が響いてきました。

私は部屋を出ると、迷わず父の書斎のドアを開け、明かりをつけました。すると……。

サイドテーブルの下に、父の大切にしていたクリスタルグラスの破片が散らばっているではありませんか。たしか、ピエロと並べて飾ってあったはずです。サイドテーブルの上を見ると、ピエロはちょこんと座っています。

「なんで、落ちたんだろう……？」

　安定の悪い場所でもなく、地震があったわけでもない。落ちるような位置に置いてあったわけでもないのです。

　とりあえず、割れたクリスタルグラスを拾い集めて片づけ、部屋を出ていこうとして、ふと思ったのです。誰かが触らなければ、落ちるはずがない……と。誰かが……。

　ドアを閉める前に、明かりを消そうとしたとき、ふと、ピエロに目線が行きました。すると……「ニッ」と、唇が歪んで、笑ったような気がしたのです。

〈えっ？〉

　得体の知れない恐怖が背中を走りました。けれども、私はすぐにドアを閉めると、〈気のせい。気のせい〉と言い聞かせて自分の部屋に駆けこみました。

　翌朝、クリスタルグラスのことを父に話すと、すぐに書斎に上がっていきました。欠片《かけら》が残っていては危ないので、私もいっしょに入っていったのですが、父は「もっと真ん中に置いておけばよかったな」と残念がっていました。そして、私はこのとき、またおかしなことに気づいたのです。

　午前二時に書斎に入り、割れたグラスを片づけ、書斎を出ていくときに「ピエロが私を見て笑った」と感じたはずです。ところが……、ピエロはドアのところから見ると、横向きになっていて、正面の顔は見えないのです。あれから、誰も書斎に入っていません。では、誰がピエロを横向きにしたのでしょうか？　いったい、誰が……？

その夜、部屋にこもって勉強していても、隣が気になって、はかどりませんでした。

〈今日はもう寝ようかな〉

と、思ったときです。

「ククククク……」

微《かす》かに、本当に微かに、こもったような笑い声が聞こえてきました。

隣の部屋です。

顔がかっと熱くなり、すぐに全身の血が逆流するような感覚が、私を包みました。

「ククククク……」

ふたたび、笑いをかみ殺しているような声が聞こえてきたかと思うと、囁くような声も聞こえてきました。何をいっているのか、わかりません。でも、たしかに誰かがしゃべっています。

私はベッドに飛び乗ると、頭から布団をかぶり、両手で耳をふさぎました。どのくらいそうしていたかわかりません。もう、我慢できなくなり、両親のいる部屋に降りていくしかないと、そっと起き上がろうとしました。すると……。

「コツコツ……コツコツ……」

小さな足音が廊下から聞こえてきたのです。子どもが歩いているような軽い音でした。

〈廊下に……いる！〉

両親のいる階下に降りることができなくなりました。ドアを開けたら、そこに何がいるのか……。考えたくありませんでしたが、たしかに、いるのです。

「コンコン……」

ドアがノックされました。

私はまた、布団をかぶって両耳を塞《ふさ》ぎ、目を閉じました。それ以外に方法はないのです。

「コンコン……コンコン……」

まるで、怖がっている私をドアのすき間から見て、楽しんでいるようにノックの音がつづきます。それは、明け方までやむことはありませんでした。

朝の光がカーテンを通して部屋を照らしはじめたころ、やっとノックの音はおさまりました。

私はすぐに階下に駆け降り、父と母に恐ろしい笑い声と足音、ノックの話をしましたが、「勉強ばっかりの毎日だから、疲れているのよ」という母の言葉に父も笑いながら頷くばかりで、信じてもらえません。

「夕べ、寝てないでしょ？　今日はもうしばらく寝ていらっしゃい」

そういわれて、私は自分の部屋に戻るしかありませんでした。

でも、疲れているはずなのに、眠れません。おまけに喉が渇いて、息苦しくさえなった私は、冷たい飲みものを取りに行こうと起き上がったのです。と、同時に、

「コンコン……コンコン……」

またしてもノックの音です。

「もう、やめて！」

私は叫んでいました。すると、

「トントントン……トントントン……」

昨夜聞いた、子どものような足音が階段を降りていきました。

私は急いで起き上がると、部屋を飛び出しました。一刻も早く、母のところに行きたかったのです。

そして、階段を四段ほど降りたとき、そこにあるはずのないバスタオルに足を取られ、バランスを失って転げるように落ち、下の廊下に投げ出されました。左腕に激痛が走ります。「お母さん……」といったはずですが、声になりません。もう一度助けを呼ぼうと、痛みをこらえて目を開けたとき、見てしまったのです。

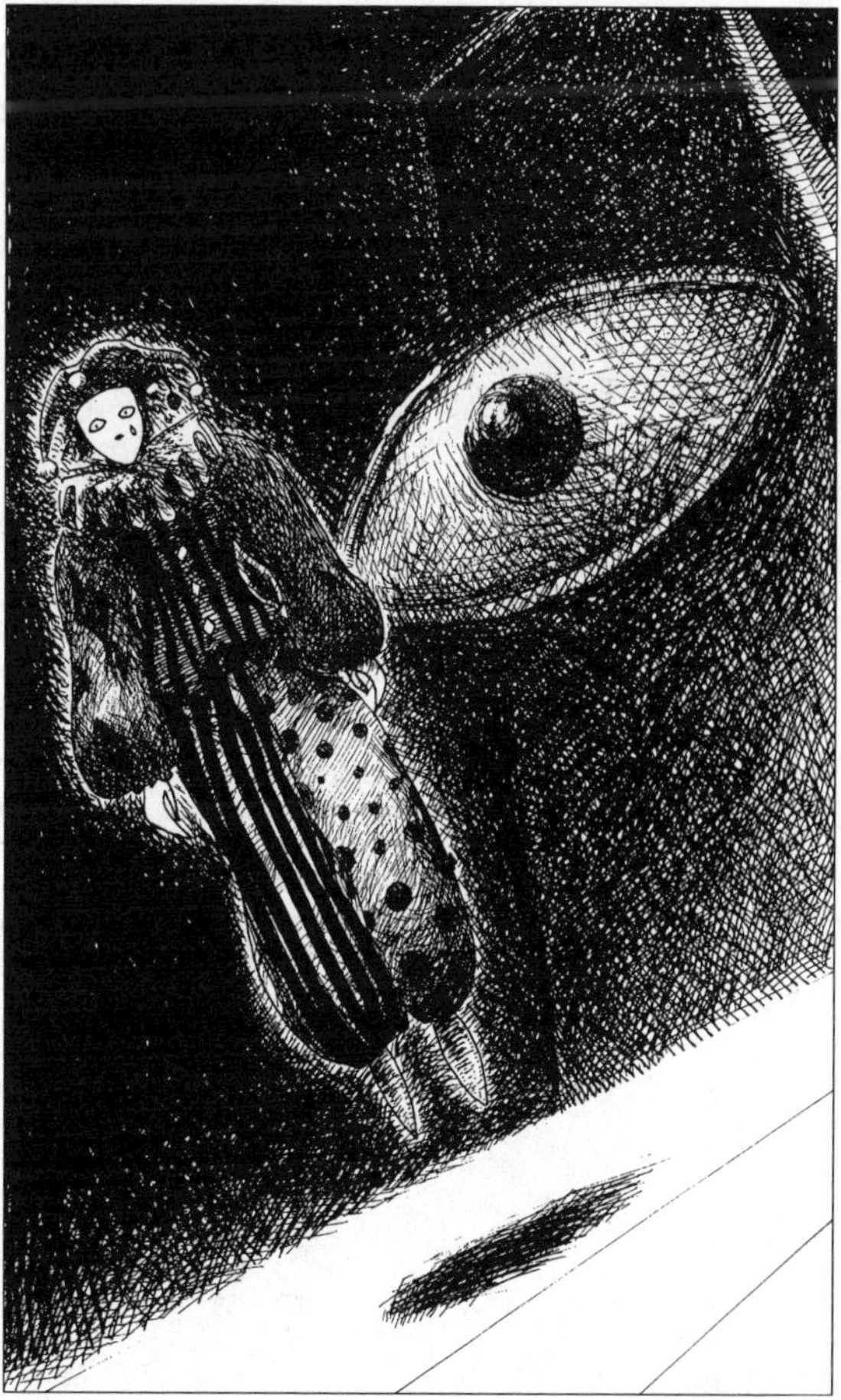

倒れこんだ私の顔をすぐそこで覗きこんでいる真っ白な顔を……。一粒の涙の上の目が「ギョロリ」と動きました。そして、「ニヤッ……！」と笑った顔は、これまでに見たこともないような邪悪な表情をしていました。

「ギャーッ！」

凄まじい叫び声に母が飛んできてくれましたが、私は腕の痛みと恐怖で起き上がることさえできませんでした。そして、母に抱きかかえられながら、気を失っていったのです。

目を覚ましたとき、病院のベッドの上に寝かされていました。

左腕は骨折していて、ギプスがはめられていました。

「もう大丈夫よ。心配しないで……」

ベッドの横には両親が青ざめた顔をして立っていました。

あのピエロは、お寺に持っていったそうです。

「邪悪な霊が憑いている……」

住職さんはピエロを一目見るなり、そういったといいます。

私の骨折の原因になったのは、階段途中のバスタオルでしたが、父も母も、もちろん私もそんなところにバスタオルなど置いていませんでした。あれも、やはり、あのピエロの仕業だったのでしょうか？

学園都市に白昼の怪人 ——ぐあばん(三十一歳)

私の住んでいる茨城県某市は国や企業の研究機関が集中していることで有名です。道路や街路樹はきちんと整備され、歩道と車道の区別もはっきりしています。緑も豊かで、公園もたくさんあり、しかもいくつかの公園を車道から遮断された歩道でつないでいるので、そこは恰好の散歩道やジョギングのコースとして使われています。私の勤務地は市内にあるのですが、自転車を使えば自宅から十分ほどの距離で、公園の歩道を利用しての通勤は快適でした。

二年前の春のことです。

その日は早めに仕事を終え、いつものように公園の歩道を自転車で走っていました。毎日、通っている道なのに、その日は妙な違和感を覚え、何がそうさせるのかとしばらく考えて気がつきました。人がいないのです。その日にかぎって、私以外の人影が見あたりません。あたりにはピーンとした空気が張りつめていました。

しかし、それも束の間、スピードをあげて走っていると、百メートルほど先に人影が見えました。ほっとして、その男性の後ろ姿を見ながら、自転車をこぐ足に力を入れました。

男性は背広を着ています。研究機関の多いその地域では、みんなラフな格好で通勤しているので、珍しいなと思ったことを憶えています。

そんなことを考えたとき、突然、「パシッ！」という音とともに右手に鋭い痛みが走りました。

〈また、静電気だ……〉

あまりの痛みにブレーキを握りしめてしまいました。

私は帯電しやすい体質らしく、キャッシュカードの磁気を破壊してしまったこともあるほどなので、静電気が流れたときのいやな痛みには慣れていたはずですが、そのときは特別に強烈でした。しかも、自転車に乗っているときの体験は、初めてです。

右手をさすりながら、気を取り直して、ふと前を見ると、やはり百メートルくらい先に男性は立っていました。改めて、よく見てみると、男性は歩いていません。歩いているような動きがまったくないのです。ただボーッとそこに立っている……という感じです。おまけに手ぶらでした。

〈仕事じゃないのかしら？　でも、背広を着て散歩……？〉

ひとり、心のなかでそう思いながら、ふたたび自転車を走らせはじめた私ですが、突然、あることに気づきました。

私は自転車に乗っている……。あの男性は徒歩……。

それなのに、ふたりのあいだの距離が少しも縮まっていないのです。

私はもうかなりの距離を、スピードをあげて走っています。一方、男性は立っているだけで、歩いているような素振りは見せていない。それなのに、これはどういうこと……？

答えを見つける前に、私はブレーキをかけて、その場にとまりました。冷たい汗がどっと背中を流れます。驚きのあまり動くことができなくなった私を、さらに恐怖が襲います。

ふたりのあいだの距離が、今度はだんだん縮まってきたのです。背中を向けたままの男性が、とまっている私のほうにどんどん近寄ってきます。

後ろ歩きをしているような動きではありません。

たとえていえば「だるまさんが転んだ」をやっているときのように、知らないあいだに近づいてきている、といった感じでした。

そして、足に目をやった私は叫び声をあげそうになりました。

男性の黒いズボンの下には、靴がなかったのです。いいえ、正確にいえば、足が……なかったのです。ズボンの裾と地面のあいだにはたしかに空間があり、つまり、その人は「浮いた状態」で、こちらに向かってきているのでした。

「やばい！」

無意識のうちに一言叫ぶと、私は自転車ごとまわれ右をして、とにかく全速力で逃げだしました。もちろん、途中で振り向くようなことはできませんでした。

やっと、帰宅途中らしい何人かの人に出会うまで、私にはとてつもなく長い時間に思われました。もしあのとき、追いつかれたら、私はどうなっていたのでしょう?

この世のものではないものに遭遇するのは、夜が定番だと思っていたのに、白昼の出来事でしたから、それ以降、人通りの少ない道を通るたびに、周囲をうかがってしまいます。

いまでも、背広姿の背中を見ると、ギクッとしてしまいます。しかたなくその道を使って通勤していますが、あれから、会うことはありません。ただ、最近、自転車に乗っているときに「パシッ!」と静電気の走ることが増えてきたのが気になります。

「弁当に腐った人を入れてしまって……」——山岸司（三十四歳）

これは、私の友人の美保子さんが以前勤めていた工場であった出来事です。

美保子さんの勤務先は仕出し料理や折り詰め弁当を作る中小企業。小さな食堂から始めて、やがて何軒かのレストランも経営するほどになった会社だということでした。彼女の仕事場は仕出し部門で、そこは二代目社長の婿養子が専務として取り仕切っていました。

美保子さんが勤めはじめてしばらく経ったころ、取引先からクレームがきました。届けた弁当に「赤いマニキュアのついた爪が入っていた」というのです。もちろん、スタッフたちは返品された弁当をくまなく調べましたが、爪など見つかりません。

「エビの殻が紛れこんだのではないか」というのが、やっと見つけた結論でした。

取引先には、その旨を説明して謝罪し、アフターケアも行ないました。

そんなことがあったので、みんな神経質なほど気をつけていたのですが、やがて二度めのクレームがきました。今度は「ご飯が線香臭い」という内容でした。ひとつだけではなく、届けたものすべてに臭いがついているといいます。

調べてみても、工場のなかに原因となるものは見つけられず、葬儀の仕出し弁当でしたから、配達先で臭いが移ったのではないかという釈明しかできなかったそうです。

専務は心労のためか、そのころから急に痩せはじめました。顔色も悪く、ときおり、苦しそうに胸を押さえることもありました。工場の見まわりに来たときには、しつこいほど異物の混入を防げと指示を出し、料理や弁当を覗きこんでは、何やらつぶやいていた姿を何人ものスタッフが目撃しています。

三度めのクレームは「ヒジキの煮物に髪の毛が大量に混ざっている」というものでした。

当然、血眼になって調べましたが、髪の毛一本、見つけ出すことはできませんでした。

専務はクレームのたびに取引先に頭を下げに行っていましたが、この三度めのクレームのときから注文は激減し、専務の精神状態は普通ではなくなってきました。

そんなある朝、専務は急に立ち上がると、

「弁当に腐った人を入れてしまって、申し訳ありません」

と、いきなり大声で叫ぶと頭を下げはじめました。

何度もおなじ言葉を繰り返し、スタッフに頭を下げたかと思うと、壁や廊下に向かっても頭を下げたそうです。

驚いたのは美保子さんたちスタッフでした。

美保子さんも含め、何人かのスタッフがとりあえず落ち着かせるために、専務を工場のほうに連れていって、なかに入ると……そこに準備してあった弁当のすべてが血で染まっていたのです。血の臭いが充満し、外に飛び出して、そのまま倒れる人もいたそうです。

専務が地元の警察に自首し、殺人の容疑で逮捕されたのは翌日のことでした。ある女性と浮気をしていた専務は結婚を迫られ、婿養子の自分の立場が危ういと考えて、女性を殺害していたのでした。遺体は自供どおり、山のなかに埋められていました。

「お・ま・え・は・か・え・れ」——中田雅和（四十三歳）

「オレ、いまT社の鎌倉にある別荘みたいな保養所で和人とふたりで管理人のバイトしてるんだけど、ふたりじゃ心細くて……。だから、よかったら遊びに来ないか？　ただで泊まれるし、海までは十分くらいで行けるし。な、友達誘ってもいいから、来いよ」

友人の直樹からの誘いが、ことの始まりでした……。二十数年前のことです。

次の日、おなじ大学の裕之と待ち合わせをして、その保養所がある鎌倉に向かいました。

僕たちは四人とも高校時代からの友人で、何度もいっしょに旅行をしたことがあります。今回もまた楽しい時間になると、ワクワクしていました。

保養所は閑静な住宅地を抜けた先にありました。「T社寮」の表札がかかっている鉄扉を入ると、そこはかなり広い敷地で、手前と奥に二軒の家が建っていました。手前は敷地の持ち主と家族が住んでいて、奥が保養所になっているということでした。

保養所は想像していたものとは違って、どこか懐かしい昭和初期の日本家屋を思わせるような二階建てでした。玄関右手の暖炉と出窓がある広いフローリングの洋間を除けば、どこにでもある古い民家、といった風情です。

到着したとき、すでに三時をまわっていたので、その日は海に行くことをあきらめて、僕たちは買い出しに出かけ、早めの夕食をとることにしました。夕食といっても、カップラーメンとビールとおつまみ程度ですが。

夕食後も、つぎつぎにビールを空け、とりとめのない話をしたり、トランプをしたりと楽しんでいました。

やがて、午前零時をまわり、さすがに「そろそろ寝ようか」といいはじめたときでした。

「ガタガタガタッ」

という大きな音が玄関のほうから聞こえてきたのです。

「おい、なんの音だよ」

「誰か見てきたほうがいいんじゃないか」

「誰かじゃなくて、みんなで行こうぜ。ひとりじゃ危ないじゃん」

ということになって、四人で玄関まで行って、音の正体を確かめることになりました。

廊下に出て、玄関脇にある「おたみの間」というガラス戸でしきられた三畳の部屋の横を通って進んでいきます。「おたみの間」というのは、壁に三味線がひとつ飾られているだけの殺風景な部屋で、なんとなく、昼間でも近づきたくないといった場所でした。

玄関まで行ってみましたが、鍵はきちんとかかっているし、とくに変わったようすはあ

りません。僕たちは、ちょっと拍子抜けという感じで居間に戻ってきました。すると、

「あれ、誰だよ。扇風機とめたの」

そういって、直樹が扇風機のスイッチを入れ、ほかの三人は訝《いぶか》しげにおたがいの顔を見ました。みんなでいっしょに部屋を出て、いっしょに帰ってきたのですから、誰も扇風機になど触っていないのです。

「嘘だろう」

「誰だよ、正直にいえよ」

そんなことをいいあっていると、

「ガタッ」

またしても、玄関から物音が聞こえたのです。

「…………」

なんとなく冷たい空気が僕たちを取り巻いているような気がしました。すっかり寝るタイミングを外されてしまった四人は、居間の真ん中にくっつくようにして座り、また話しはじめました。

「そういえば、この辺は昔、処刑場だったらしいぜ」

「昔って、鎌倉時代？」

「たぶんな。だから、さっきの音も扇風機も、幽霊の仕業だったりして」

直樹は、この保養所にはいくつかの不思議な話が伝わっているといいます。たとえば、誰も使っていない二階のスリッパがびしょ濡れになっていたり、夜中にオルガンの音が聞こえてきたり……。

「やめろよな」

僕がそういったとき、

「ドン!」

台所から大きな音が聞こえてきました。

僕たちは無言で視線を交わしましたが、このときは誰も「見にいこう」とはいいませんでした。

〈オレたちのほかに、誰かいる……〉

そんな気がして、背筋がゾーッと寒くなりました。

「そういえば裕之は、この前、幽霊見たっていわなかったっけ?」

直樹がいやなほうに話を振りました。

「幽霊かどうかわかんないけど、伊豆の山道を夜中の三時ごろ走ってたらさ、道の脇に正座してるお婆さんがいたんだよ。止まる勇気はないから通りすぎて考えたら、そのカーブの先は崖で、その辺に家なんかぜんぜんないわけよ。怖くなって、あとはひたすら前だけ見て、飛ばしたぜ……」

「夜中に婆さんは勘弁してほしいよな」

「こんな話してると……集まってくるかもな」

そのときです。

「ガタガタッ！」

またしても、玄関のほうから物音が聞こえてきました。

その音が気になって仕方がないけれど、玄関まで行く気はなかった僕は、廊下との境の障子を開けて、廊下に頭を突き出すようにして、ようすを窺ってみました。すると「おたみの間」のガラス戸が揺れて、そのガラス戸の奥からこちらをじっと見ているお婆さんがいることに気づいたのです。

「おい……おたみの間に、婆さんがいるぜ」

そう叫ぶと、三人は「うそ！」といいながら、僕に重なるような格好で廊下に顔を突き出しました。しかし……。

「うそつけ。どこにいるんだよ」

「もう、怖がらせるなよ。いない、いない」

と口々にいいます。

どうやら、ほかの人には何も見えないらしい。けれども、僕にはそのとき、はっきり見えていたのです。

その日、寝るに寝られず、結局午前四時まで起きていましたが、そろそろ夜の闇が薄くなりはじめると「もういいかげんに寝よう」ということになって、四人は隣の部屋に布団を敷き、横になりました。

それから、どのくらい経ったかわかりません。僕は「サッサッ」という音と気配を感じて目を覚ましました。

〈なんだろう〉

と思った瞬間、体が動かなくなりました。金縛りです。こうした経験は何度もしている僕は心のなかで「私はあなたを救うことはできません。どうか許してください」と繰り返しました。そういうとたいていの場合、すぐに元どおりに戻ったものですが、そのときはいくら念じてもダメでした。

そして、「気配」は僕たちの寝ている部屋に近づいてきて、スーッと入ってきたのでした。それは、僕の頭の上で止まりました。僕は怖くて目をつぶっているのですが、その気配ははっきりと感じ取ることができます。やがて、それは枕もとに座って、僕の顔を覗きこみました。

するとだんだん胸のあたりが苦しくなってきて、つぎの瞬間、僕は海のなかにいて必死でもがいていました。

誰かが僕の足をつかんで海のなかに引きずりこもうとしています。助けを呼ぼうとしても、声が出ません。もうダメだと思ったそのとき、突然、目の前に一本の手が現われ、僕を引っ張りあげてくれたのでした。

〈助かった……〉

そう思って目を開けたとたん、僕の目の前には、あの「おたみの間」からこちらを見ていたお婆さんの顔がありました。恐怖で凍りつき、目さえ動かせない僕をお婆さんは感情のない目でじっと見据えます。そして、ゆっくり口を開くと、こういったのです。

「お・ま・え・は・か・え・れ」

僕は必死で、

「わかりました。帰ります。わかりました」

と繰り返しました。

すると、お婆さんはゆっくり立ち上がり、「おたみの間」のほうにスーッと消えていったのでした。

「ウワアッ！」

僕は叫び声をあげて立ち上がりました。

部屋のなかはすっかり明るくなっていて、ほかの三人はもう起きだしてしまったのか、部屋にはいません。

〈夢か……？　海でおぼれたのは夢だろうけど……お婆さんが覗きこんでいたのも夢かな……？　だとすると、夢のなかで夢を見たのか……〉

僕にはよくわかりませんでしたが、「お・ま・え・は・か・え・れ」といわれたことが、どうしても頭から離れません。

帰ったほうがいいような気はするのですが、ほかの三人に納得してもらえるような話ではないでしょう。どうしようかと迷っていると、「電話だぞ！」といいながら直樹が入ってきました。

それは母からでした。父が心筋梗塞《こうそく》の発作を起こして入院したので、すぐに帰ってこいといいます。

僕はすぐに帰り支度を始めました。

〈あのお婆さんが「帰れ」といったのは、このことだったのか？〉

と思いつつ、これで、お婆さんとの約束を守ることができるという安堵《あんど》感のようなものもありました。

自分ひとりにだけ「帰れ」といったのですから、あとの三人については心配ないだろうと、門のほうまで歩いていったときです。急に足が重くなり、奇妙な感覚が足首に走りました。驚いて下を見ると……僕の足首をしっかりつかんでいる一本の手が見えたのです。

「ギャー！」

僕はその手を振り払って一目散に門の外に出ました。そして恐る恐る振り返ると、二階の部屋からこちらを見ているお婆さんの姿が目に飛びこんできました。お婆さんは僕が出ていくのを確認しているようです。

「早くお帰り」

そんな声が聞こえた気がしました。

その後、家には帰らずそのまま病院に直行したのですが、父はＩＣＵ（集中治療室）に入ってはいるものの、比較的元気そうで安心しました。

病院のロビーで母と話しているとき、こんなことを聞きました。

「昨日ね、お父さんが夜中にひどくうなされたのよ。なんでも、おまえが海でおぼれているから助けに行った夢を見たんだって。それで、正夢かもしれないから、早く呼び戻せっていってね。そのあと、倒れちゃったのよ……」

その話を聞いてゾーッとしました。あの腕は父のものだったのです……。もし、父が助けに来てくれなかったら、僕はあのままおぼれていたのかもしれません。

あのお婆さんは僕に知らせたくて現われたのかもしれません。

マンション五階のゴムボール——山口恵(二十五歳)

私の先輩の佐久間さんはコンピュータ会社に勤めていて、深夜まで仕事をするという日がつづいていました。終電を逃すと、会社に泊まることさえあったのですが、その日は雨が降っていて、頭痛がするので、タクシーを使って帰宅したそうです。

マンションのエレベーターホールで、佐久間さんは大きく溜め息をつきました。

『申し訳ございません。ただいま故障中。階段をご利用ください』

という張り紙があったのです。

佐久間さんの部屋は八階建てマンションの五階。仕事でくたびれた体で、五階まで歩くのは億劫《おっくう》でしたが、ほかに方法はなく、あきらめて階段に向かいました。

普段から階段を使う人などほとんどいないせいか、照明も暗く、段差さえはっきり見え

ないほどです。佐久間さんが階段の手すりをたよりに、登りはじめたとき、

「ポーン……ポーン……」

上のほうから、ゴムボールを弾ませるような音が聞こえてきました。

まさか、こんな夜中に子どもがボール遊びをしているはずはない。いったい何の音だろうと訝《いぶか》りつつ、二階まで行きました。

「ポーン……ポーン……」

音はさらに近づいてきます。

ひとつ上の階あたりから聞こえてくるような気がします。

佐久間さんが三階の小さなフロアに出ると、音がだんだん大きくなり、

「ポーン……ポーン……」

「ゴロゴロゴロ」

突然、ボールが佐久間さんの足もとに転がってきたのです。

佐久間さんが拾い上げると、外の雨に濡れたのか、ボールはびっしょり濡れていました。

ボールの持ち主がやってくるのではないかと、しばらくそこに立っていましたが、誰も姿を見せません。佐久間さんは、翌日の出勤前に管理人さんに届けてあげようと、ボールを持ったまま、五階にたどりつきました。そして、灯の下まで行ったとき、

そして、雨に濡れていると思ったのは、ボールではなく、人間の頭だったのです。そして、雨に濡れていると思ったのは、真っ赤な血でした。

佐久間さんはとっさに逃げ出そうと、踵《きびす》を返したとたん、「ドン！」と何かにぶつかりました。

顔を上げた佐久間さんの前には、人が……首のない人が、立っていたといいます。

部屋に駆けこんで、布団をかぶると、朝まで震えていたそうです。

夜が明けるのを待ちかねた佐久間さんは、管理人室に飛びこんでいって、昨晩の出来事を話しました。すると、管理人さんは顔を曇らせながら、教えてくれたといいます。

「昔、五階で男性が殺害される事件があったんです。犯人はまだ見つかっていないのですが、供養のため、五階の人目につかない場所にはお地蔵さんも祀《まつ》ってあるのですが……」

そして、佐久間さんを五階にともなって、踊り場の隅から小さなお地蔵さんを取り出してきたのですが、どういうわけか、その首がとれていました。

おそらく、何かの拍子に落ちてしまった首を、殺害された男性が探していたのでしょう。

その後、佐久間さんは違う場所に引っ越していきました。

ボクの友達は、死んだ女の子――稲川レッド（十七歳）

ボクは小さいころから幽霊を見たり、心霊現象を体験できる体質だったようです。

それがいつからなのか、よくはわかりませんが、小学校の二年生か三年生のころに起こった奇妙な出来事だけは忘れることができません。

あの日、学校からの帰り道を歩いていると、小さな女の子がじっとボクのほうを見ているのに気がつきました。その子はとても寂しそうな顔をしています。そして、驚いたことに、その子の体は透けていて、向こうのコンクリートの壁が見えるのでした。

どうしてそれが怖いことだと感じなかったのか、いまでもわかりません。でも、とにかくボクは声をかけてあげようと思ったのです。

「どうしたの？」

ボクが呼びかけると、寂しそうな顔に少しだけ、微笑みが見えました。

ボクたちは、そのへんの石の階段に腰かけると、いろいろなことを話しました。実は、女の子は病気でもう死んでしまっているというのです。でも、動物や花や音楽が好きで、毎日、外で遊んだ話もしてくれました。

ボクは女の子に「ボクたち、友達になろう」といいました。そのときの女の子の嬉しそうな顔は忘れることができません。

学校の帰り道で待っていてもらったり、一度、家に帰ってから、ボクが女の子のいる場所に行ったりしているうち、母が、「まーくん、何かあったの？」と、尋ねました。

ボクは「何もないよ」と答えながら、ドキドキしていました。女の子のことがわかったら、家族はなんというでしょうか。だって、死んでいる子なのですから……。

だから、しばらくのあいだボクは女の子に会いませんでした。

そして、数週間経ったころ、久しぶりに会いに行くと、女の子は泣いていました。ボクは傷つけてしまったと後悔し、泣きやむまで、ずっと謝りつづけました。

そのころから、体に異変が起こりはじめました。熱もなく、風邪でもないのに、寒けと頭痛が何週間もつづいたのです。

すると、どこからか、ボクを呼ぶ声がするので、耳をすますと、あの女の子が「キミを助けに来たの」と嬉しそうにいっています。

そのときは何のことかわかりませんでしたが、女の子が「あまり離れないでね」と手を差し出してきたので、ボクたちは手をつないでずっと話をしました。

「私ね、ずーっとひとりで寂しかった。でも、あのとき、キミが話しかけてくれたから、すごく嬉しかった」

女の子がそういってくれたので、ボクも嬉しくなってしまいました。

すると、急に女の子が、

「いつまでもいっしょにいようね」

といったので、ボクは、

「うん。ボクでよければ」

と、答えました。

そして、そのまま意識がなくなっていったらしく、気がつくと、母が心配そうにボクの顔を覗きこんでいました。

次の日の朝、母はボクに「寝言をいっていたわよ」といいます。ボクは夜中に、

「キミを守れてよかった」

といったそうです。

数日後、外で遊んでいると、どこからか声がしました。懐かしい感じの声で「右のほうへ行きたい」とか、「あの丘に行きたい」といったりします。ボクは声のいうとおり丘の上に立ちました。

そこで、気がついたのです。

これまでに聞いた「キミを助けに来た」という声や「キミを守れてよかった」という声はみんな、ボクの体を通してあの女の子がいっている言葉だったということに。

それは女の子の強い心や喜びがボクに届けられているのだとわかり、ボクも嬉しくなりました。

でも、ひとつだけ単純な疑問がありました。

あの女の子はどこにいるんだろう、ということです。

初めのころは、ボクの目の前にいたはずの子でしたが、いつの間にか、ボクの頭のなかに声が聞こえてくるだけになっています。

もしかして……。

「いつまでもいっしょにいようね」といったあの子の言葉を思い出して、突然、恐怖に包まれました。体じゅうから力が抜けて、立っていることができなくなったボクはその場に座りこんでしまいました。

ふと、横を見ると、鏡に自分の姿が映っています。

ボクは、かたく目を閉じました。そこに映っていたのは、ボクだけではなかったのです。

肩にしがみついているあの子の姿も……。

しばらくして、ボクは目を開け、もう一度鏡を見ました。でも、そのときにはもうあの女の子の姿は消え、笑っているボクの顔があるだけでした。

安心して立ち上がったとたん、またしても奇妙なことに気づいてしまいました。こんな恐怖心を抱きながら、ボクは鏡のなかで、なぜ「笑って」いるのだろう……。

足が震えました。そして、またしても、狼狽しているボクの頭のなかに、あの子の声が聞こえてきました。

「ねえ！　ねえ！」

振り向いたボクの顔が鏡に映ったとたん、ボクは笑顔になっていました。そして、口が勝手にこう動いたのです。

「これで、ずっといっしょだよ」

あんたも見たんかね――田崎良則（三十六歳）

「幽霊はねえ、おるよ」

日頃、迷信のたぐいは信じない祖母が、はっきりそう断言したときには、驚きました。

「ばあちゃんはね、この目で見たんじゃから」

そういって、祖母はこんな話を始めました。

あれはあんたが生まれる前じゃったか。もう三十年も前、いや四十年前になるかねえ。私はお豆腐の製造工場に勤めよったんよ。朝は四時に起きて五時までに会社に着かんといけんじゃった。冬場じゃと朝のうちは外も真っ暗よ。ところどころに電柱が立っていて、その灯だけが頼りじゃった。自転車こいでいくのも怖かった。

川沿いの一本道には家もポツンポツンと建つくらいじゃったが、そのなかに中古車屋があって、車が四、五台展示されとった。いつからかわからんが、そこに白い車が置かれるようになってねえ。その車が妙に気になって、毎日確かめるようになったんよ。〈アア今日もあるな〉と思うだけなんやけど、確かめたあとは絶対に振り返らんじゃった。何か誰かに見られとるような感じがしてねえ。

ある日のこと、そこを通りすぎようとしたら、何人かの男の人の話し声がしたんよ。怒鳴っているような、はやしたてているような……。それで、声のするほうを見たら、あの白い車のなかに女の人が乗っとるのが見えたよ。前のガラス越しにこちらをじっと見よった。髪の長い人で、白い服を着とったかね。

あの人が運転するんか……くらいにしか思わんじゃった。ただね、そこを過ぎてから、なんぼかしてふと思ったよ。

〈今の人、誰？　こんな真っ暗ななかでなんであんなにはっきり顔や髪の毛まで見えたんやろ？　こんなに朝早く、なんで女が車に乗っとるんやろ？　それに、さっき、話しとった男の人たちはどこで話しとったんやろ？〉

そう思ったとたん、背中を寒けが走ってね。耳もとで風がゴオォって鳴ったかと思うと、右の肩が急に後ろに引っ張られたんよ。ひっくり返らんように、思わず前かがみになったとき、お尻のあたりから背中に何かが這い上がってきた。それが、首筋から耳たぶ、耳の穴のなかをベロでねぶるみたいに這っていった。こう、生温かい息を嗅いだような気もしたね。

それから、今度は左肩をつかまれて、何かがものすごい勢いで背中にピッタリ張りついたんよ。ちょうど赤ん坊ぐらいの大きさのものがね。そりゃ、怖かなんてもんじゃなかった。必死で自転車をこいだよ。お経を唱えながらね。

工場についても、ずっと泣いとったから、みんな心配して大騒ぎになったね。

あんた、尾崎のおばさん、憶えとろう？　あの人に工場まで迎えに来てもろうて、いっしょに中古車屋さんに行ったんよ。やっぱり白い車はあったけど、そっちはよう見んじゃった。店の主人に話しても、笑われるか、叩き出されるかと思っとったけど、話を聞いた主人の顔はだんだん強張ってきよったよ。それから「あんたも見たんかね」というた。主人がいうには、その車で何人かの男が女の人をさらって山のなかに連れこんだ。そこで、みんなで乱暴したあと、殺して、死体を捨てたという話じゃった。それからは乗り手が替わるたびにブレーキがきかなくなったり、ラジオが鳴りだしたり、バックミラーに人が映ったりするんで、気味悪がって手放す人がつづいたらしい。それがまわりまわって、そこの中古車屋さんに来たんじゃとね。

そこの主人はね、「こんな仕事をしとると、ババを引くのとおなじで、そんなこともある。また誰かにババを引かせるしかないんよ。あんたもこんなことは早く忘れちまいな」というて、私に小銭を渡して、口止めしたわね。

そんなつもりじゃないから、返そうとしたんやけど、無理やり持たされたから、尾崎のおばさんと何か食べたがね……。

祖母はその後十年ほど働きつづけましたが、ことあるごとに同僚にこの話をせがまれて、けっこう話したらしいです。

いまはその中古車屋もなくなって、巨大な郊外型の大型スーパーが建っていますが、祖母はそのスーパーにはあまり行きたがりません。

もうひとりの「私」

――藤渕康雄（三十五歳）

鮮やかな紅葉がやがて黄金色の落ち葉となって朽ち果てていくころ、吹きすさぶ木枯らしとともに思い出したくない過去の記憶が、冷たく私のなかを通りすぎていきます。

あれは大学生だった、十数年前のこと……。

ありふれたごく普通の大学生の私でしたが、引っこみ思案なところもあり、何事に対しても臆病で、自分の殻を破れないでいることに悩んでいました。

そんなある日のこと、仲がよかったはずの遊び仲間たちのようすが急によそよそしくなったことに気づきました。なかでも女友達の圭子はあからさまに私を避け、軽蔑の視線を向けているようでした。

いたたまれなくなった私が、親友の正夫にわけを聞くと、「そりゃ、しかたないぜ」といわれました。なぜなら、私が数日前、居酒屋で圭子の胸をいきなり鷲づかみにしたというのです。

「まさか！」と私は即座に否定しました。ひそかに圭子に好意を寄せていた私が、そんな破廉恥なことをするはずがありません。アルコールに弱い私が、記憶を失うほど泥酔するのも絶対にありえないことです。

どうしても腑に落ちない私は「何月何日の何時ごろ」と、正夫に問いただしました。すると、案の定、その日は身内の法事で、私は居酒屋になど行っていなかったのです。

正夫は私の反論には耳も貸さず、立ち去ってしまいました。

しかし、これは単なる前触れにすぎなかったのです……。

数日後、学生課に呼び出された私を待っていたのは「女子更衣室を覗いただろう」という詰問でした。女子学生が私を目撃したと主張しているといいますが、もちろん、私は身の潔白を訴えました。必死の言い分が受け入れられ、停学処分は免れましたが、噂はたちまちキャンパスじゅうに広がり、私は居場所を失ってしまったも同然でした。

すっかり気落ちして自分のアパートに戻ると、今度は大家である女主人にいきなり怒鳴りつけられました。私が収集日以外にゴミを出すところを見たと怒っているのです。これも、私ではありません。

「だから、収集日まではこうして狭い玄関の脇にちゃんと……」

といいかけて、自分の部屋の前で立ち尽くしてしまいました。

ない！　ゴミがないのです。

「今度やったら、出ていってもらうからね」

女主人は、私を睨みつけてそういいました。

それから数日後、どれもこれもが信じられないことばかりで、しかも冷たい視線に晒されている私は、打ちひしがれて学内のカフェテラスに座っていました。

「どうしたの？　元気ないわね」

声をかけてきたのは、思いがけず、あの圭子でした。

「同情ならごめんだよ、どうせ軽蔑してるんだろ」

「違うの。実はずっと気になっていることがあって……。あのときね、あの居酒屋にいて、私の隣でお酒を飲んでいたのは、あなたに似た別の誰かじゃないかと思って」

「別の誰か？」

思わず言葉を失ってしまいました。

そんなことは考えもしなかったけれど、圭子の言葉で視界が急に開けたような気がしました。自分に瓜ふたつの人間がいて、そいつが私のいないところで好き勝手なことをしていたとするなら、これまでの謎は一気に解けます。

「たしかに、顔や姿はあなたにそっくりだった。でも、いまにして思えば、しゃべりかたや態度は違っていたわ。あなたはあんなことをする人ではないもの」

私は跳び上がりたくなるような気持ちでした。ずっと好きだった圭子がそんなふうに思っていてくれたのですから。

圭子は私に「もうひとりのあなた、いいえ、あなたになりすましている偽者を探しましょう」といってくれました。

こうして私の「もうひとりの自分探し」は始まったのです。しかし、簡単なことではありませんでした。あてもなく歩きまわっても、結果はいつも徒労に終わりました。

そして、あきらめかけたある日、圭子から電話がありました。

「もしもし、早く来て！　見つけたわ！」

圭子の言葉に私はアパートの鍵をかけることも忘れて、飛び出していきました。

例の居酒屋、そこにヤツはいました。

いつものようににぎやかな店内の奥に、ひときわにぎやかに騒いでいるグループ。そこに上半身裸になって大声を出している男。その姿を見たとき、全身に鳥肌が立ちました。私にそっくりです。けれども、まったく別人だと私は思いました。傍若無人にふるまうヤツの人格は、明らかに私とは違います。

「このまま好きにはさせないぞ！」

そうつぶやいて、一歩踏み出したとき、ヤツも私に気づきました。射抜くような視線を私に向けたのです。瞬間、私は動くことができなくなりました。そして周囲の音が急速に消えたかと思うと、不気味な男の声が聞こえてきたのです。

「なんでおまえがここにいる？　どうしてやってきた？　おまえみたいな気弱な男は消えろ！　いますぐ消えろ！」

私は奈落の底に突き落とされたように、やがて意識を失っていきました。

目を覚ましたのは病院のベッドの上でした。窓の外は木枯らしが吹き、あたり一面黄金色の枯れ葉がびっしり敷きつめられていました。

統合失調症……。それが医師から下された診断でした。

内向的な性格にコンプレックスを感じ、大胆になりたい、行動的な男になりたいと思いつづけた自分が、幻影という形でもうひとりの自分を作りあげた。それが、私の偽者だったというのです。

これで、私はようやく悪夢から解放されたと思いました。

圭子の支えさえあれば、順調に回復していけると自分でも信じることができました。

そして、圭子の誕生日。待ち合わせのレストランに行く前に私はデパートのジュエリーコーナーに立ち寄りました。これまでのお礼もこめて、プレゼントしたかったのです。

ところが、その人ごみのなかに私は圭子の姿を見つけました。なぜこんなところにいるのか、声をかけようとした私はその場に立ちすくんでしまいました。圭子は男といっしょだったのです。

見たことのある男……。そんなはずはない……。嘘だ……。

凍りついたように動けなくなった私の視界のなかを圭子と……存在するはずのないもうひとりの私が消えていきました。

そしてそれ以来、私が圭子に会うことは二度とありませんでした。

轢《ひ》き殺された猫の呪い——片岡義人(三十七歳)

四年前の夏、私は妻と幼稚園の年長組になる娘の沙織の三人で郊外の遊園地に遊びに行きました。たくさんの乗り物やアトラクションに沙織は大喜びで、私たち夫婦はそれに振りまわされ、くたくたになるまで遊びました。

帰り道はもう日が暮れかかっていたので、少しでも早く帰りつこうと、スピードを出していました。それが間違いだったのです。

突然、ヘッドライトに黒い塊が浮かびあがりました。それが猫だと気がついたときは「ゴン!」という衝撃とともに、わずかに車体が持ち上がりました。

「しまった」

たとえ動物とはいえ、たしかにはねてしまったという感覚は恐ろしく、私はそのまま逃げるようにアクセルを踏みこみました。

奇妙なことが起こりはじめたのは、その三日後からでした。

朝、出勤のため車に近づくと、どこからかじっと見られているような気がしてなりません。あたりを見まわしても誰もいないのですが、運転中にも強い視線を感じるのです。初めのうちは気のせいだと思っていたのですが、日に日に視線は強くなってくるようで、何かがおかしいと思いはじめました。

そして、そのころから家のなかで変な音が聞こえるようになったのです。

「カツッ　カツッ　カツッ」

夜中に台所のほうから聞こえてきます。何かが歩いているような音……。

それほど大きな音ではないのですが、耳をすますとはっきり聞こえてきます。

何の音か確かめようと、起きだしてドアを開けると、ピタリと静かになってしまうのでした。明かりをつけても、もちろん誰もいません。

私には、その音の正体がわかりはじめていました。足音と同時に弱々しい猫の鳴き声がすることがあったのです。

妻にはそのことは内緒にしていたのですが、薄々感づいてきたようです。

ある日、沙織が友達を連れてきたときのこと、ふたりは部屋でままごとをしていたのですが、友達がしきりに「おいでー、おいでー」といっていたといいます。台所から見ると、その子は沙織のすぐ隣に座っています。ですから、妻はままごとのなかで仮想のお父さんを呼んでいるのだろうと思ったそうです。

しかし、帰るときになってその子がいったのです。

「沙織ちゃんちのネコちゃんは呼んでもぜんぜん来ないね」

妻はそれを聞いてゾーッとしたそうです。

それでも、私たちはまだ、気のせいではないか、野良猫がどこからか入りこんでいるのではないか、と思っていました。いいえ、そう思いこもうとしていただけかもしれません。

しかし、その期待もある出来事で打ち消されてしまいました。

休日、自宅で沙織とゴムマリで遊んでいたときのことです。ぎこちない手つきで、沙織が投げたゴムマリが台所まで転がっていきました。

拾いにいって部屋に戻ろうとすると、手に違和感があるのです。

〈何か変だ!〉

つるつるしているゴムマリを持っているはずなのに、まるでぬいぐるみでも持っているかのような感触……。

視線を落としたとたん、全身が凍りつきました。

ゴムマリはいつの間にか、猫の生首に変わっていたのです。

「ギャーッ！」

とっさに投げて部屋に逃げこみ、沙織を抱きかかえました。

ちょうどそのとき、「ただいま」と声がして、妻が買い物から帰ってきました。

「来るな！」と叫んだのですが、妻は家のなかに入ってきました。

「どうしたの？」

部屋の隅で沙織を抱えて震えている私を見て、きょとんとしています。妻は買い物袋と……ピンクのゴムマリを持っていました。

私はすぐに妻と相談をし、とりあえず部屋じゅうに塩を盛り、同時に小皿に煮干しを入れて手を合わせました。猫に謝るしかないと思ったのです。

それから、足音も鳴き声も徐々に減り、やがて奇妙な出来事はいっさい起こらなくなりました。

それからは車に乗っても、スピードを控え、安全運転を心がけています。もう二度と、あんな恐ろしい思いはしたくありませんから。

寝苦しい夜の悪夢

——野口良樹(三十三歳)

夢と現実の区別がつかない……そんな経験をした人はいないでしょうか?私はとても不思議な経験をしましたので、聞いていただきたいと思います。

毎晩のように熱帯夜がつづき、仕事で疲れて帰ってきても、ぐっすり眠ることができないような蒸し暑い夏のことでした。

その日も、寝苦しくなかなか眠れなかったのですが、いつしか睡魔に襲われていました。

気がつくと、私は緑がどこまでもつづく小高い丘の上にいました。風は心地よく、どこかの牧場にいるような爽やかさです。私は緑の風の香りを満喫しながら、歩いていましたが、奇妙なことに気づきました。そこには人の気配も、また人工のものも何もないのです。

少し心細く思いながらも歩いていくと、切り立った崖の上に出ました。周囲には数えきれないほどの美しい花が咲いています。私は花畑を抜け、崖の先端に立ってみました。上半身を乗り出して下を見ると、白い砂浜が広がっています。そこは結構な高さがあり、足を滑らせれば、怪我ではすまないだろうと思われました。

そっと崖から離れ、見上げると、空が高く美しく広がっています。

と、そのとき、突然、

「良樹くんだろ？」

かすれたような声が後方から聞こえてきました。

驚いて振り向くと、会ったこともない中年の男性が立っています。グレーのジャケットを着て、よく老人がつけているようなループタイをしていました。顔は脂ぎっていて、髪の毛は薄く、特徴のある分厚い唇をしていました。

上に黒いフレームのある老眼鏡のような眼鏡の奥で、目が不気味に笑っていました。

少し警戒はしましたが、誰もいなくて心細く思っていたところでしたので、わずかな安心感もありました。

「良樹くんだろ？」

もう一度、聞かれ、

「……はい」

私は細く不安に満ちた声で返事をしました。

「どうして……、私の名前を知っているのですか？」

「名前だけじゃないよ。いままでおまえがしてきたことは全部知っているよ」

そういいながら、男はニヤッと笑いました。

私はこの男にひどい嫌悪感をもちはじめていました。

男は急に、後ろの建物を指さしながら、

「いいから、オレと行こう」

といいます。

なぜ、それまで気がつかなかったのか、男の後ろには豪華な赤い建物が建っていました。赤いその洋館は、まるで宮殿のようでした。

「いえ……、僕は行きません」

私は失礼のないように丁重に断ったのですが、男は「いいから、オレと行こう」と繰り返し、いきなり私の右肘をつかんだのです。

そのとき、あまりの衝撃で、私は悲鳴をあげてしまいました。

男の手が氷のように冷たく、私の腕にぴったりとくっついてしまって離れないのです。

私にはわかりました。……この男はこの世の人ではない……と。

男は私をグイグイと引っ張ります。私は花畑の上に倒れこんで抵抗するのですが、男はあきらめず、その手にどんどん力を入れてきました。

私は抵抗しながらも、周囲の異変に気づきました。

さっきまで穏やかだった崖の下の海は嵐のように荒れ狂い、空が夜のように暗くなっていたのです。いったいいつ陽が沈んだのだろうと思って、もう一度空に目を向けると……、日が暮れたのではありませんでした。空一面に無数のカラスが舞っているのでした。

なおも男は私の腕を引っ張りつづけ、私はズルズルと引きずられはじめました。赤い洋館に向かって……。洋館の扉がいつの間にか開かれています。

あのなかに入ってしまったら、もう二度と帰ってはこられない……私はそう確信しました。

男に力ではかないそうもないと思った私は、とっさに股のあいだに潜りこみ、男の手を強引にねじあげました、すると、「痛いっ！」という悲鳴とともに男の手が緩んだのです。

私は転がるように花畑を走って逃げだしました。すると、男の声が耳もとで聞こえてきたのです。

「あと少しだったのに……、おしかったな」

私は全速力で走りました。そして、かなり遠くまで来たと思い、振り向くと、男はさっきの花畑の真ん中に立っていました。大きく両手を広げ、まるで恋人を待っているかのように……。

つぎの瞬間、私は走っても走っても前進しないことに気づきました。もがいてももがいても、じりじりと後ろに吸い寄せられていくのです。このままでは、またつかまってしまいます。恐怖に体じゅうが粟立ち、私は大声をあげました。

「殺される！　助けてくれ！　誰か助けてくれ！」

背後に男が迫る気配を感じ、もうダメだと思ったとき、

「良樹！　大丈夫？」

母が私をゆすって起こしてくれました。

「夢か……。恐ろしい夢だった……夢でよかったよ」

私が汗で冷たくなった首筋を拭きながらいうと、母は「夢ぐらいで大人が騒ぐんじゃないよ」と笑いながら、部屋を出ていきました。

本当に夢でよかったともう一度思い、起き上がろうとしたとき、

「痛っ」

右肘に激痛を覚えて、パジャマの袖をまくりあげた私は愕然としました。

そこにくっきりと手の跡がついていたのです。

「夢じゃなかった……」

私は確信しました。たしかにあの男は私を迎えに来たのです。

とすると、また、いつかやってくるのでしょうか？

第三章　冥界から呼びかけるもの

「真っ白な顔」からの宣告――沼田秀樹(三十二歳)

学生時代からの麻雀仲間だった良平が死んだと連絡があったときは、頭のなかが真っ白になり、通夜も告別式も上の空で、何も考えることができませんでした。

しかし、少し時間が経ち、落ち着いてくると、私は良平が話していたことを思い出して、ゾーッとしました。

資産家の息子だった良平は、都心にある高層マンションでひとり優雅に暮らしていました。防音のしっかりしたそのマンションでは深夜になっても、隣家に迷惑をかける心配もなかったので、麻雀仲間が集まっては徹夜をしていました。

そこで、一度、奇妙なことがありました。

私を含め、四人が麻雀卓を囲んでいたのですが、それぞれが自分の手の内と捨て牌に集中しているとき、突然、私の右隣にいる良平が「ちょっと待て」といってキッチンのほうを指さしました。キッチンは私の背後にあります。

まず、キッチンの正面に座っていた秀人が「あっ……」と、間の抜けたような声をあげました。何事かと振り向いて見ると、明かりを消した薄暗いキッチンからスーッと白い靄《もや》のようなものが流れて、寝室のほうに入っていったのです。

「なんだ？　あれ……」

私が震えた声を出すと、良平は、

「ここ、霊の通り道みたいなんだ」

と、こともなげにいいます。

何度も見ているので、もう慣れっこになっているということでしたが、それからあとは、みんな麻雀どころではなくなりました。

それから何日かして、いつも余裕ある態度の良平が少し緊張したようすで「ちょっと、怖いことがあった」と、私に連絡してきました。

昨夜、寝室で寝ていると、突然、金縛りにあった良平はまったく動けなくなったそうです。けれども、そんなことは何度もあったので、すぐに元に戻るだろうとタカをくくっていました。すると、

「ヒタヒタヒタ……」

誰もいないはずのキッチンのほうから足音が聞こえてきました。

〈くそ！　また、出たな……〉

そう思いながら、いつものように出ていってくれるのをひたすら待っていたそうです。

「ヒタヒタヒタ……」

足音はキッチンから寝室に入ってきました。

このまま窓から出ていってくれるはず……。ところが、今回は違ったのです。

「ヒタヒタヒタ……」

足音は良平の耳もとで止まりました。こんなことはいままでになかったと、良平の全身は汗びっしょりになったといいます。

〈頼むから、早く通りすぎてくれ!〉

良平はかたく目を閉じながら、そう念じました。

どのくらい経ったかわかりません。カチッカチッという時計の音だけがやけに大きく聞こえてきました。

〈もう行ってしまったか……〉

そう感じたと当時に、体の自由を取り戻した良平は、ゆっくり……目を開けました。

すると目の前に、彼の顔を覗きこんでいる真っ白な顔があったのです。

「うわっ!」

恐怖のあまり、ふたたび目をかたく閉じて、体を丸めた良平の耳もとに、こんな声が聞こえてきたといいます。

「オ・マ・エ、モ・ウ・ス・グ・シ・ヌ・ゾ」

…………。

良平からその話を聞いたのは、半年ほど前のことです。

「こっくりさん」のお告げ——高木さおり（三十一歳）

高校二年生のときのことです。

社会の授業が自習になったので、私たちは集まって雑談をしていました、そのうち、「何かおもしろいことをしよう」という話になり、中学生のときによくやった「こっくりさん」をすることにしました。

紙の上に五十音と鳥居を書き、コインを置いてふたりがその上に指を添えて、「こっくりさん」を呼んで質問に答えてもらうという、あの有名な遊びです。

最初は他愛もない質問に、みんな笑っていたのですが、そのうち急に「こっくりさん」が勝手に動きはじめたのです。

ただ五十音の上を行ったり来たりしていると思ったのですが、そのうちにそれが文章になっていることに気づきました。

「タノミ……ガアル……」

私はそれを声に出して読みました。

「頼みって……なんですか？」

「アイタイヒトガイル」

「それは誰ですか？」

「シブイ……ユミコ」

私たちは驚きのあまり、泣きそうになりました。渋井由美子はクラスメイトです。そのとき、彼女は少し離れたところでまじめに自習の課題に取り組んでいました。

「どうして渋井さんを知っているのですか？

気を取り直して、私は「こっくりさん」にそう質問しました。

「5ネンマエ、ショウガッコウデミタ。ボクハソノトキ17サイダッタ」

五年前、私たちが小学校六年生だったとき、十七歳だった？

「じゃあ、いま、いくつですか？」

「……17サイ……」

歳が変わっていないということは……？　十七歳で……死んだ……？

私たちが通っている高校に隣接して小学校があります。当時十七歳だった彼はきっと、この高校への登下校のあいだに渋井由美子を見かけたのでしょう。そして、淡い恋心を抱いたまま……。

「どこに行けば、あなたはいるの？」

危険だとは思いつつ、ついそんな質問をしてしまいました。

「……オハカ……」

「お墓……？　じゃあ、いま、あなたはどこから私たちと話しているの？」

思わず声が高くなってしまいました。すると、彼はこういったのです。

「……マ……ウ……エ……」

「真上……？」

もちろん、上を見る人は誰もいませんでした。

「……あなたは、どこの場所が好き？」

私は質問を変えました。

「マエノ……カワ……」

私は紙をつかむと、全速力で走って表の川に捨て、そのあとは、みんなで手分けをして調査し、十七歳で亡くなった男の人のお墓を探し出しました。ことの真相を知った渋井由美子もいっしょにお墓に行って手を合わせてくれました。

それから、恐ろしいことは起こりませんでしたが、修学旅行の集合写真に見知らぬ男の人が写っていたことは話しておかなければなりません。

何が埋もれているのか……——赤坂ゆきえ(四十歳)

私の知り合いの秋山さんは、神奈川県の北西部にある都市の食品会社に勤めています。経理担当で残業が多いのはたいへんでしたが、三十歳という若さですから、バリバリと仕事をこなしていました。

秋山さんの会社のそばには最近、建て替えたばかりの役所があります。

お昼に会社近くの蕎麦屋《そばや》に足を運ぶと、役所の人たちと相席になることも少なくありませんでした。何回か顔を合わせるうちに、役所の課長と親しく話をするようになったといいます。

課長は秋山さんの倍くらいの齢でしたが、ふたりとも溪流釣りが趣味で、話が合ったのです。

そんなある日のことです。秋とはいえ、まだ残暑の消えない蒸し暑い夜。秋山さんはいつものようにひとりで会社に残り、帳簿の確認をしていました。

時計を見ると、もう十二時をまわっています。

そろそろ終わりにしようと、イスから立ち上がって何気なく窓の外を見ると……。

窓に、血の気のない真っ青な男の顔が……べったりと張りついていたのです。

「うわあああああっ！」

秋山さんは大声をあげました。すると、

「コンコン……コンコン……」

青い顔が窓ガラスを叩きました。

この世のものとは思えなかったその顔は、役所の課長でした。

「秋山くん……脅かしてすまない……」

消え入りそうな声は、間違いなく課長のものです。秋山さんが恐る恐る窓を開けると、
唇まで青ざめた課長はガタガタと体を震わせていました。

「……情けない話だが……怖くて怖くて、夢中でここまで走ってきたんだ」

「いったい、何があったんですか？」

「いや、私にもよくわからない。私の錯覚かもしれない。悪いんだが……私といっしょに

役所に来て、確かめてもらえないだろうか……？」

役所の建物の明かりは消えていました。

暗闇のなか、建物の裏手にある職員通用口の常夜灯だけが鈍い光を放っています。

「なかには、誰もいない。いるはずがないんだよ……。役所には個人情報に関わるものがあるから、ここには赤外線の防犯システムが設置されているんだ。人が通ると、光線が遮断されて、たちまち警報が鳴るはずなんだ……」

課長はなぜか声を潜めるようにそういうと、ドアの横の配電盤に鍵を差しこみ、防犯システムをオフにしてから、通用口の鍵を開けました。

夜中だというのに、空気のこもった役所の廊下は暑く、首筋から汗がにじんできます。

「残業を終えて、一度家に帰ったんだが、机のなかに財布を置き忘れたことに気がついてね。さっき、車を飛ばして、戻ってきたんだ……そしたら……」

そういって、課長はハンカチで首筋を拭きました。

「この上が私のいる課だよ」

課長にいわれるまま、廊下の突きあたりの階段を上りました。そして、その部屋の明かりがつけられると、広々としたフロアが目の前にありました。

清潔に磨きあげられたプラスチック・タイルの床。整頓された職員たちの机。フロアを囲む三面の大きな窓からは涼しい夜風が吹きこみ……白いカーテンを揺らしています。

爽やかな風が、たちまち汗を消してくれました。

「ああ、涼しいですね」

秋山さんは笑いながら、振り返って課長を見ました。

……と、課長の顔は蒼白になり、ふたたびガタガタと震えはじめたのです。

「やっぱり……やっぱり、錯覚なんかじゃなかったんだ。秋山くん、この建物には防犯システムが入っているんだよ。窓はどこも、開かない……。エアコンは六時には切られてる。この風は、いったい……どこから吹いてくるんだ……」

胸いっぱいに涼しい風を吸いこんだまま、秋山さんは息を詰まらせました。

「うわあああっっっ！」

ふたりは同時に叫び声をあげ、もつれあうように、階段を駆け降りました。

「そんなことも起こるかもなあ。あの役所の下には、古い井戸が、埋もれているからなあ」

翌日、ことのしだいを知った蕎麦屋のおじいさんが腕組みをしながら、そういったそうです。

いったい井戸がどのあたりにあったのか、知る術《すべ》もありませんが、その日から課長がひとり役所に残ることはなくなったということです。

亡者たちが棲みついた家——斉藤祐子(三十九歳)

短い結婚生活にピリオドを打ち、離婚した私はいま、実家にいます。追いかけてくるものは、結婚生活のいやな思い出だけではありません。ほかにも、執拗に私にまつわりついてくるものが……。

結婚式までは、ごく普通の家庭だと思っていました。彼はまじめでやさしく、姑は気丈でしたが、女手ひとつで子どもを育てあげた強さを、私は尊敬さえしていたのです。しかし、私がその家に入ったとたん、ふたりの態度は豹変しました。姑が私を見る目は、物を見るそれとおなじで「嫁に来た以上は、私に従ってもらう」とはっきりいわれました。そして、気に入らないことは夫に逐一報告を入れ、「嫁にいじめられた」というのです。

夫は、私の弁解には耳を傾けもせず、ことの真実も知ろうとはしませんでした。

「年寄りに、よくそんな態度がとれるもんだ。役立たず！」

やさしいと思っていた夫の口から、そんな言葉が出るようになってきたころ、夫は本当は別の女性との結婚を望んでいたということも知りました。その女性は親との同居を拒んだため、夫は私に乗り換えたのです。

結婚して数週間も経たないうちに、私は離婚を考えるようになりました。

いまから思えば、あのときにきっぱり別れていればよかったのです。あのときなら、まだ間に合ったのに……。

ある夜のことです。

疲れきった私は寝室でひとり、横になっていました。

すると、隣の部屋から何やら話し声のようなものが聞こえてきました。夫と姑は別の部屋でテレビを見ていますから、人の声などするはずはないのです。けれども、たしかに人の気配がするのです。それも大勢の人が口々に何かつぶやいている……。

「苦しい……痛い……助けて……」

それは、耳から聞こえてくる声ではなく、私の頭のなかに響いてきました。

信じてはもらえないだろうと思いながら、夫に告げましたが、案の定「俺に嫌がらせをいっているのか！」と怒鳴られただけでした。

私は翌日になって、仏壇のある部屋に行ってみました。立派な作りつけの仏壇があるのですが、線香も水も白飯もありません。私の実家では仏壇はいつもきれいに整えられ、お供え物も欠かしたことがなかったので、驚き、あきれました。

私は姑に「お供え物を」とお願いしてみたのですが、「よけいなことをいわないでくれ。家には家のやり方がある」と叱責の言葉が返ってきただけでした。

姑の留守に、私は仏壇のなかを調べて、愕然としました。戒名が、画鋲でブツブツ貼ってあるのです。私は夢中で一枚ずつ剥がし、非礼を詫びながら、手を合わせました。

まもなく、結婚して初めてのお盆を迎えた日。

大きく立派なお墓に参りましたが、「これ、本当に、お墓？」と、妙なことを口走ってしまいました。他家のお墓には実家のお墓とおなじように、何か魂のようなものを感じるのですが、そのお墓は空っぽの感じがするのです。何も伝わってきません。

「もっと立派なお墓にしなくてはね。お地蔵様も建てて、ここではいちばんに見えなくちゃ恥ずかしい」

姑はそういうのですが、私は何かが違っているような気がしてなりませんでした。

その土地は、いまでこそ火葬ですが、つい最近まで土葬の風習の残るところでした。丸い棺桶に座った状態で埋葬されていたと聞きます。そんなに広い敷地ではないので、ご先祖様もさぞ窮屈だろうと、姑にいってみたところ、とんでもない返事が返ってきました。

「心配ないさ。埋まってないから」

その町は昔から統廃合が繰り返され、その都合で墓地を移転させたのだそうです。そのとき、遺骨の供養をするでもなく、墓石だけを移動させてきたというではありませんか。

墓参り以降、私は昼夜を問わずラップ音に悩まされるようになりました。

「ピシッ！　パシッ！」と小枝を折るような音から「バァァァーン！」といった金属を打ちつけるような激しい音まで、私に覆いかぶさってきました。廊下を歩けば背後から、トイレに行けばドアの向こう側から、常に私のまわりで聞こえてくるのです。

そんな毎日がつづくと、だんだん具合が悪くなり、ある夜、私はテレビを見ているふりを残してさっさと寝室に入りました。そして、横になったとたん、いつもに増して、激しいラップ音が聞こえはじめたのです。

それは部屋のなかのいたるところから聞こえてきました。そして、だんだん狭まり、まるで私を取り囲むように迫ってきたのです。

そんな私の目に映ったものは……。

隣の部屋から襖を擦り抜けて入ってくる、いくつもの黒っぽい塊でした。いくつも……

いくつも……途切れなく……。

〈逃げたい！　助けて！〉

心のなかで叫びましたが、体は動きませんでした。

黒い塊は私の足もとのほうにまわってくると、「ギュッ……！」と布団の裾をつかみました。そして、這い上がってきます……。

足首……膝……お腹……胸……。布団を握りしめながらも、這ってくる気配がわかります。布団の上から、無数の人の手の感触が伝わってきました。

そして、その瞬間が来たのです。

いきなり、私の目の前に、無数の人の顔……顔……顔……！

その目は白目がまったくなくて、底のない闇のように真っ黒……。

暗黒の目をした「人」は手を伸ばしてきました。

枯れ枝のように細く、朽ち果てかけ、あるいは血の塊のこびりついたようなどす黒い手を……。何かをつかむように、何かを探すように、何かを追い求めるかのように……。

「グワァァァ……」

「ヒィィィ……、アァァァ……」

苦しげな声がその光景にかぶさってきます。

濡れた和紙が肌に貼りつくように、それらは私にまつわりついて離れません。

私はこのとき、いいようのない恐怖とともに、妙な感覚に襲われました。海の波打ち際に立ち、サーッと波がひくとき、足が波に持っていかれるような感じです。

体ごと、そのまま土のなかに引きこまれる……。下へ……落ちる……落ちる……。

何かにすがりつこうと、夢中でもがいたちょうどそのとき、

「起きてるのか?」

という声がして、夫が部屋に入ってきました。

その瞬間、すべてが消えうせました。ラップ音も止まり、シーンと静まり返っています。

一睡もできないで朝を迎えた私の心は決まっていました。

離婚を申し出て、あの家を出てきたのです。


いまは実家で落ち着きを取り戻しつつありますが、私に本当に平穏な日がやってくるとは思えません。

「苦しい……痛い……助けて……」

あの声が、また聞こえはじめたのです。

あのものたちはひっそりと私についてきました。自分たちの姿を見、声を聞いた私を箇

単に手放したくないのでしょう。籍を抜いても、旧姓に戻っても、関係ないらしい。自分たちの声が届く私という存在に執着があるのだから。

私には救うことはできないのに……。

死者からのメッセージ——高松智花(二十四歳)

あれは、私が中学二年生だったときの話です。

テニス部に所属していた私は、大会直前ということもあって、毎日、遅くまで練習に汗を流していました。

そんなある日のこと、学校の行き帰りによく見かける近所のおじさんが突然、ラケットを持ってコートに現われたのです。

「チリンチリン……」

おじさんが歩くと、ラケットにつけている鈴が軽い音をたてていました。

おじさんは、コートの脇でラケットカバーを取ると、何を思ったのか、コートのなかにすたすたと入ってきて、いきなり、私たちに指導を始めたのです。

「なあに、あのおじさん……」

「ほら、駅に行く角の大きな家にひとりで住んでる人だよ」

「なんで、コーチみたいなことしてるの？」

私たちは小声で囁き合いましたが、おじさんに面と向かって文句をいえる人もいなくて、その日はおじさんのコーチをみんなでしぶしぶ受けたのでした。

二時間近くも、私たちに指示を出しながら、自分もボールを追いかけたあと、おじさんは「ありがとう」と頭を下げて帰っていきました。

「大会前なのに、困るよね」

「明日、また来たらどうする？」

部室で帰り支度をしながら、私たちはそんなことを話し合って、もし、翌日も来るようなら、きちんと断ろうということに決めました。

けれども、それ以降、おじさんが姿を見せることはありませんでした。

それから一週間が経ち、大会も終わってホッとしていたある夜のこと、テレビを見ていた私の耳に奇妙な音が聞こえてきました。

「チリンチリン……」

初めは小さな音だったのですが、だんだんはっきりと聞こえてくるようになりました。

テレビの音声かと思ったのですが、そのとき観ていたのはドラマで、鈴の音など聞こえるような場面ではありません。

「チリンチリン……」

やがて、鈴の音は私の周囲をまわりはじめました。

「チリンチリン……」

どんどん大きくなって、うるさいほどです。

「ねえ、鈴の音、どこからしてるの？」

いっしょにテレビを観ていた妹に尋ねましたが、「鈴の音なんて聞こえない」と、とりあってくれません。

私は、どうしてもテレビの影響としか思えなくて、クラスメイトの何人かに電話をかけてみました。でも、みんな「鈴の音なんて、聞こえない」といいます。

そのあいだも、鈴の音は私の耳もとで鳴りつづけ、得体の知れない恐怖が足もとから這い上がってきました。

私が最後に電話をしたのは、テニス部の仲間のところです。

「聞こえる？　やっぱり！　あのおじさんの鈴だよ」

テニス部の友達には、私とおなじ鈴の音が聞こえていたようで、声を震わせながら、そ

う答えました。

そのとき、初めて気がつきました。

そうです。あのおじさんのラケットで揺れていた鈴とまったくおなじ音だったのです。

鈴の音が聞こえなくなってからも、その夜は眠ることができませんでした。

翌日、学校に行くと、数人のテニス部員が集まって、深刻そうな話をしています。何事かと、その輪のなかに入っていった私は、思いがけないことを聞かされたのです。

「夕べ、聞こえたよね。鈴の音……」

ひとりがそういってみんなの顔を見まわすと、誰もが恐ろしそうな表情で頷きました。

そして、その子はこうつづけました。

「あのおじさん、死んじゃったんだって。独り暮らしだから、誰にも気づいてもらえず、死後一週間は経っていたって。今日、学校に来るとき、『忌中』の紙が貼ってあったから、近所の人に聞いてきた」

誰にも気づかれずに一週間……そう思ったとたん、私はハッとしました。

「おじさん、誰かに見つけてほしかったんだ……」

きっとそうです。

「チリンチリン……」

あの音は、私たちに知らせたくておじさんが送ったメッセージだったのでしょう。

私たちは気づいてあげられなかったことを悔やみ、そして、おじさんが来た日に迷惑がったことを申し訳なく思いながら、テニスコートで手を合わせたのでした。

「運転手さん、誰も乗っていませんよ」——伊藤聖子(三十八歳)

二年前の夏の夜のことです。

何日か熱帯夜のつづいたあと、その日は珍しく涼しい風の吹く夜で、窓を開けていれば寝苦しいという感じはありませんでした。久しぶりに気持ちよく眠りにつきました。

ところが、しばらくすると、どこからともなく男の人の話し声が聞こえてくるのです。せっかくの眠りを妨げられた感じでしたが、隣の家にはよく人が訪ねてくるので、帰り際、道ででも話しているのだろうと思い、さほど気にもしませんでした。

そして、また眠りに落ちていったのですが、

「タクシーを呼んでくれないか」

いきなり、耳もとでそんな声が聞こえ、私は思わず「はい」と返事をして、起き上がり

ました。空耳《そらみみ》などではありません。はっきりとこの耳で聞きました。

当然のことですが、部屋のなかには私ひとりきりで、シーンと静まり返っています。でも、起こされてしまった私は、てっきり隣の人が道で大声を出したのだと思いこみ、「今度は文句をいってやろう」と、勢いよく窓を開けてみました。

ところが、そこには……誰もいないのです。

人の気配すらなく、猫の子一匹いませんでした。

気を取り直し、ベッドに横になってからは、何の物音もせず、朝までゆっくりと眠ることができました。

翌日はいつものように仕事に追われ、夜中に聞こえた声のこともすっかり忘れて働きました。そのころ、私は会社勤めとは別に週三回の塾講師のバイトをしていて、塾のある日には帰りが十時ごろになっていました。

その日の夜、いつものように塾でのアルバイトを終え、十時ごろに家に帰りつくと、十分もしないうちに、玄関のチャイムが鳴りました。いぶかしく思いながら出てみると、制服姿の男の人がひとり立っています。

「なんでしょう」

警戒をしながら聞くと、

「すみません。タクシーの運転手ですが、お父さんをお連れしました。かなり酔っていらっしゃって、歩けないようなんです」

父が……？

私の両親は車で四時間もかかる田舎に住んでいます。こんな時間に、しかも突然、訪ねてくることなどありえません。それに、父はお酒を飲まない人なのです。

「何かの間違いじゃないでしょうか？」

運転手さんにそういいましたが、「お客さんは、たしかにこの家だといいました。番地も合っています」と困りはてています。いつまでも押し問答していても仕方がないので、私はタクシーまでついていくことにしました。

そして、なかを覗いたのですが、

「運転手さん、誰も乗っていませんよ」

自分でそういったとたん、背中が「ゾクッ」としました。

「へんだなあ。歩けないほど酔っていたんですよ。ちょっと、そのあたりを探してみます」

親切な運転手さんは左右の路地を走りまわって、人影を探していました。

私もタクシーのそばの植えこみなどに注意を向けていたのですが、そのとき、後ろで、

「ピンポーン！　ピンポーン！　ピンポーン！」

玄関のチャイムが立てつづけに、三度も鳴りました。

それは、玄関を開け放したままにしていた私の家のチャイム音でした。

驚いて振り返りましたが、玄関の灯の下には誰もいません。

「なんで……?」

言い知れぬ恐怖がこみあげてきます。

なす術もなく、立ち尽くしていると、運転手さんが戻ってきました。と同時に、表の騒ぎを聞きつけて、隣の家の人も出てきました。

運転手さんは隣のご夫婦に「たしかに乗せてきたんですよ」といいながら、乗客の風貌や特徴を説明しはじめました。すると、隣のふたりは眉をひそめるようにして、顔を見合わせるのです。

「その人、もしかしたら、この家の大家さんかもしれない……」

私は、不動産屋を通して最近この家に入ったばかりで、大家さんに会ったことはありませんでしたが、大家さんなら何かの急用でここにやってきても不思議はありません。私と運転手さんはちょっと安心したように息をつきました。

ところが、お隣の人はこうつづけたのです。

「亡くなったんですよ。今日、お通夜のはずです……」

ごめんなさい、猫のおばあちゃん

――杉山あんな（二十一歳）

これは私が小学校六年生のときの話です。

近所に中野さんというおばあちゃんがひとりで暮らしていました。おばあちゃんは、子どものときから何匹も猫を飼っていたというほど猫好きで、「猫のいない暮らしなんて考えられない」といっていました。

そんなおばあちゃんと私のおじいちゃんは仲がよくて、家の縁側でよくふたりでお茶を飲みながら話しこんでいたものです。

私もおばあちゃんのことは好きでしたが、ある日、些細なことで口論になってしまったのです。たしか、ファッションの話だったと思います。私の着ているものに文句をいわれたような気がするのですが、はっきりとは憶えていません。いま考えると、八十歳になるおばあちゃんと小学生の私の好みが合うことなどないのはわかるのですが、そのときはショックで〈もう、口もきかない！〉と、頑固に思いこんでしまったのでした。

それから何週間かあとに、おばあちゃんは体調を悪くして入院してしまいました。私の家族はみんなお見舞いに行ったのですが、どうしても病院に行く気にはなれません。おじいちゃんに誘われても、いろいろな理由をつけて断ってしまいました。

おばあちゃんが入院して一カ月経ったころだったと思います。

その夜のことは、いま思い出しても鳥肌が立つのですが……。

あの日、私はいつものように、父から買ってもらった大好きなミッキーマウスのぬいぐるみを横において眠ろうとしましたが、なんだかいつまでたっても寝つけません。

なかなか眠れない私は、何度も寝返りを打っていたのですが……そのとき、突然、異変が起こりました。体がまったく動かないのです。意識ははっきりしているのに、指一本動かすことができません。

そんな状態になるのは初めてで、息もできないほどの恐怖でした。

けれども、もっと恐ろしいことが待っていたのです。

「……ちゃん、……な……ちゃん……あんなちゃん……」

しゃがれた声が聞こえてきました。

目だけ動かして、横を見ました。

「……あんなちゃん……」

その声は、ミッキーマウスの口もとから聞こえてきました。けれども、私の大好きなミッキーマウスには似合わない、ひどくしゃがれた老人のような声です。

「……あんなちゃん……あんなちゃん……」

何度も繰り返すその声に、私は震えながらかたく目を閉じました。ところが、どんなに強く目をつぶっても、部屋のなかが見えてしまうのです。

私は布団から出ている右手を布団のなかに入れようと必死でもがきました。すると、腕がスッと動いたのです。しかし、動いたのは腕だけではありませんでした。体ごとズリズリ……ズリズリ……と、壁のほうにひきつけられていきます。このままでは壁のなかに吸いこまれてしまう！　そんな感じでした。

私は右手でベッドの端をつかみ、抵抗しました。

するとつぎの瞬間、

「ズシン……」

と、体の上に何かが乗ってきたのです。

お腹の上に何かが乗っかって、じっと私を見下ろしていました。

「……あんなちゃん……」

その声には聞き覚えがありました。

〈猫のおばあちゃんだ……！〉

青白い顔に、長い髪。いつも束ねていた髪はざんばらになって、顔をおおっています。

声も出ない私に向かって、猫のおばあちゃんはスーッと青白い手を差しのべ、そして、私の顔を撫でたのです。

冷たい手！　氷のように冷たい手は、私の体全体を凍りつかせました。

〈ごめんなさい！　おばあちゃん、ごめんなさい！〉

私は心のなかで必死で叫びました。

それから、どうなったのか、記憶が途切れてしまいました。

気がつくと朝になっていて、汗びっしょりになった私の体は、まるで何キロも走ったかのように筋肉痛になっていました。

私が部屋を出ようとしたとき、母があわてたように飛んできて、

「いまね、中野のおばあちゃんが亡くなったって電話があったのよ。夕べ、病院でね……」

母はそういって涙を拭いました。

私は家族に昨夜の恐ろしい体験を話したのですが、おじいちゃんは、

「おばあちゃんがあんなにお別れをいいに来たんだよ。会いたがってたから」

といいました。

でも、私はいまでも怖いのです。おばあちゃんは何がいいたかったのでしょうか？　あれから何年も経っているのに、あの声を忘れることはできません。

ひらひらと手招きする白い手――寺山愛子（二十八歳）

私が小学校二年生のときの話です。

もうずいぶん前の話ですが、あの日のことは忘れたくても忘れられません。

当時、私の父が運転していた車は、いまの自動車と比べるとずいぶん古いものでした。

もちろんパワーウインドウではなく、窓を開けるためにはハンドルをくるくるとまわさなければなりません。パワーウインドウなら「スーッ」という感じで開きますが、父の車は
「ススス、スススッ」といった感じでした。

「山から町の夜景を見ようか」

運転の好きだった父に誘われて、その日、私たちは出かけました。

私は運転席の真後ろに座り、すっかり暗くなった外に目を向けていました。

時刻はたぶん八時すぎだったと思います。

町を抜け、山道に入っていくと、街灯もなく外は真っ暗で、鬱蒼《うっそう》とした木々の影だけがヘッドライトに照らし出されていました。

私もドライブは嫌いではありませんでしたが、ちょっと眠くなってきて、

「お父さん、夜景の見えるところ、まだ？」

と、聞いてみました。

「もうすぐだよ。あと、十五分ぐらいかな」

父の言葉に眠気を我慢することにしました。そして、後部座席にゴロンと横になって窓越しに夜空を見ていると、突然、窓が「スーッ」と降りはじめたのです。

完全に閉まっていたはずの窓の上に十センチほどの隙間ができました。そこから、冷たい空気が流れこんできます。ぼんやりそれを見ていた私は、つぎの瞬間、

「えっ？」

と声を出していました。

だって、父の車はパワーウインドウではありません。ハンドルをくるくるとまわさないかぎり、開かないのです。

私はドアのところのハンドルを見て、それから、もう一度窓を見ました。すると……ほんの十センチほどの隙間から、真っ白な何かが「スッ」と入ってきたのです。

それは、透き通って血の気のない、細い手でした。

目を大きく見開いた私の前で、白い手は「ひらひら……」と動きました。

まるで、私を手招きするかのように「ひらひら……」と。

「お父さん!」

私は叫び声をあげて、後部座席から助手席に飛び移りました。

「手が……手が……窓に……」

驚いた父は車を止めて、後ろをうかがいましたが、

「何もないじゃないか。夢でも見たんだよ」

と、いいます。

私も恐る恐る振り返りましたが、たしかに白い手は消えていました。

でも、窓は……ほんの少し開いていたのです。

家に帰り、父にも留守番をしていた母にも、何度も「夢だよ」といわれると、だんだん自分でも「夢だったのかなあ」と思えるようになり、気持ちは落ち着いてきたのですが、でも、なぜ窓が勝手に開いたのか考えると、怖くて眠ることもできませんでした。

そして、その翌日のことです。

学校が終わって家に帰ると、母が青い顔をして私を手招きしました。呼ばれるまま、居間に行ってみると、テレビのニュースが流れています。

画面は昨夜、私たちが行った山道でした。

山頂の少し手前で、若い女性の死体が発見されたと報じられています。

「女性の首には絞められた跡があり、遺体の状況から犯行時刻は昨夜の七時から八時のあいだと見られています」

ニュースを伝えるアナウンサーの声を聞きながら、私と母は抱きあって震えました。

そうです。私たちが通る直前、「あの場所」で女の人は殺されたのです。

三日後に、女性の恋人だった人が、殺害の容疑で逮捕されたと新聞に載っていました。

女の人は、もしかしたら、私に助けを求めていたのでしょうか？ それとも、見つけてほしかったのでしょうか？

一カ月後、両親と私は「あの場所」に花を手向けてきました。

霊安室にひとり残された女の子——村上由紀恵（三十九歳）

もうずいぶん昔の話になります。でも、昨日のことのように思い出すことができます。

父の弟にあたる叔父はそのころ、まだ五十歳でしたが、胃ガンが発見されてしまいました。すぐに手術をしましたが、すでにほかに転移をしていて、まもなく末期ガンの患者として苦痛の日々を送らなければならなくなりました。

父と叔父は仲のよい兄弟でした。でも、仕事のある父がずっと病院に詰めることもできないので、私と母が頻繁に叔父のそばに付き添うようになりました。

その日……、朝から容態の悪くなった叔父の病室に、父も母も私も駆けつけていました。

叔父は頬もこけ、すっかり小さくなっていました。

私たちがそんな顔をじっと見ていると、叔父は突然、目を開け、

「その女の子はどこの子だ？」

といいます。

もちろん、病室に女の子なんていません。

「おじさん、女の子はいないのよ。見えるの？」

私はおじさんの耳もとで大きな声でいってみました。すると、

「……おかっぱにしたかわいい子だ……その女の子はどこの子だ？」

叔父はもう一度繰り返して、また眠りに落ちていきました。

そして、それからは起きるたびにおなじことをいうのです。

「その女の子はどこの子だ？」

叔父が亡くなったのは、その日の夕方でした。

私たちは悲しみのなか、看護婦さんにいわれるまま、叔父が安置される地下の部屋に移

動しました。そこには小さな祭壇が置かれ、叔父はその前に寝かされていました。線香の煙を見ながら、みんな黙りこくっていました。

しばらくすると、そこに小さなストレッチャーが運びこまれてきました。

私たち家族は息をのみ、声を出すこともできませんでした。そこには、お人形のようにかわいい、まるで生きているかのような女の子が寝かされていたのです。

ストレッチャーを押してきた看護婦さんは一礼をすると出ていってしまい、女の子はポツンとひとり残されてしまいました。なぜ、家族が来ないのか、たったひとりでどんな理由で亡くなったのか、聞く人もいなくて、何もわかりません。

やがて私たちのところに迎えの車がやってきたという伝言が届いて部屋を出てしまったので、女の子のことはその後も何もわかりませんでしたが、あのおかっぱ頭のかわいい女の子の顔はいまでも忘れることはできません。

あの世から迎えに来た祖父——山下美枝(三十三歳)

昔から私には、ほかの子どもと違うところがあったのかもしれません。母でさえ、ときおり不思議なものを見るような目を私に向けることがありました。

そんな私の身に起こったことのなかで、祖父の死後の経験は特別なものでした。

大勢いる孫のなかでも、とくに私をかわいがっていてくれた祖父が亡くなったのは、桜が満開の美しい春の日のことでした。おりしも四月八日の花の日。お釈迦様の誕生日に亡くなった祖父の葬儀に参列した人たちは「よい日に……」といっていたのを憶えています。

そして、その年の七月……。

夜、眠っていた私は不思議な夢を見ました。

亡くなった祖父がやってきて、私に微笑みかけたのです。

「おじいちゃん、死んじゃったでしょ？　どうしたの？」

「今日は特別に家に帰ってもいいといわれたので、おまえのところに来たんだよ」

祖父は笑いながら、私を手招きしました。

私はそのまま祖父のあとについていったのですが、ものすごいスピードで歩くので、途中で見失ってしまったのです。

ふと気がつくと、見たこともない景色のなかにひとりたたずんでいました。紫がかった空はところどころ黄金色に輝き、雲もほんのり紫がかっています。近くに大きな池があって、大人の頭ふたつ分ほどもありそうな蓮の花が咲いていました。

心地よい香りまで漂ってきて、私はぼんやりしたまま、歩きつづけました。

やがて、一本の不思議な道に出ました。真っ赤な毛氈《もうせん》の敷きつめられたその道は、どこまでつづいているのかわからないほど長く延びています、そしてその両側に大勢の人が正座をして、頭を下げています。

そこにひとり立っていた私は、なんだか気まずくなって列の最後尾にみんなとおなじように座りました。すると、遠くのほうから鈴のような音が聞こえはじめ、何十人という僧のような人たちが毛氈の上を歩いてきたのでした。読経の声も聞こえます。鈴の音と思ったのは僧の持つ錫杖《しやくじよう》の音でした。

僧たちは白い花びらのようなものを撒《ま》きながら、ゆっくり近づいてきます。そのようすを見たかったのですが、自分の意志とは関係なく、私の頭は下がっていって僧の顔や姿を見ることはできません。顔をあげることができたときには、その姿も音も消えていました。

そのとき、祖父のことを思い出した私はふたたび歩きはじめました。見たことのない景色ばかりで不安に泣きそうになったころ、ひとつの古びたお堂にたどりつきました。

〈おじいちゃんはここにいる!〉

御簾《みす》の下がった入口からなかを見ることもできないのに、私はそう確信しました。

「おじいちゃん!」

声をかけましたが、返事はありません。

「おじいちゃん！」

もっと大きな声を出しても、誰も答えてくれませんでした。

思いあまって、御簾に手をかけたとたん、

「行っちゃいけない、行っちゃいけない……」

後ろから、声がしました。

驚いて振り向いてみたのですが……、誰もいません。

「行っちゃいけない、行っちゃいけない……」

もう一度、御簾に手をかけました。そして、思いっきり持ち上げようとしたとたん、

「美枝！　行くな！」

大声が私を止めました。それはまぎれもなく、父の声でした。

そのとき、キューンという音とともに古びたそのお堂から黄金色に輝く光の玉が空高く飛び去っていったのです。

「あっ、おじいちゃん……！」

私にはその玉がおじいちゃんだと感じられました。

不思議な夢はここまででしたが、目を覚ました私は、カレンダーを見て愕然としました。

その日は七月十三日。迎え盆、しかも祖父の新盆だったのです。

こちらから迎えに行く前に、祖父はかわいがっていた私を迎えに来たのでしょうか？

そう思ったとたん、恐怖感よりも、祖父の気持ちを思ってなんだか物悲しくなりました。

その後、独り暮らしを始めた私の生活には、やはり不思議なことが頻繁に起こっています。夜中にパソコンの電源が勝手に入って、インターネットに接続されることなどは珍しくありません。換気扇が急にまわりはじめ、私が止めにいくと、その直前にとまってしまうということもあります。

母は私の話を聞いて、お守りやお札をどっさり持ってきますが、私はあまり気にしていません。そこに悪意を感じないからです。

なにしろ、お盆が来るたびに十五年前に亡くなった祖父がニコニコ笑いながら、夢に出てくるのですから。私は、奇妙な現象は、みんな祖父のいたずらだと信じています。

あの夢は私を連れにきたというメッセージだったのかもしれませんが、祖父は息子、つまり私の父の一言であきらめてくれたのでしょう。

この現象はいつまでつづくのでしょうか？

世にも恐ろしい忘れ物――宮國ひかる（十六歳）

私の通っていた中学校のクラスに、とても優秀な男の子がいました。

名前は雅弘くん。とにかく成績がよくて、通知表を見たわけではありませんが、私が見たこともないような数字が並んでいたにちがいありません。成績がいいだけではありません。授業中にはどんどん質問をするし、掃除はさぼらないし、委員会にもきちんと出席する。だから、当然、学級委員長です。

ある日のこと……。

学校から帰る途中、私は雅弘くんを見かけました。

雅弘くんは男の人といっしょで、自宅とは違う方向へふたりで歩いていってしまいました。あの雅弘くんが寄り道をするなんて意外だなあと思ったことを憶えています。

次の日、雅弘くんは何も変わったようすもなく、登校してきていました。

朝のホームルームの時間。先生がいつものように、出欠をとりはじめます。

「雅弘」

「はい」

いつもとおなじ優等生らしい返事……でしたが、雅弘くんは、その直後、

「先生」

と、手を上げました。

「なんだ？」

「忘れ物をしてきてしまいました」

珍しいことです。雅弘くんが忘れ物なんて……。

「何を忘れたんだ？」

先生も苦笑いをしながら、聞きました。

「……首です」

雅弘くんがそういったとたん、その体から首が「ボロリ」と落ちたのです。

「ギャーアアアア！」

悲鳴が教室じゅうで起こりました。

大騒ぎのなか、雅弘くんの体が「ゆらり……」と揺れたかと思うと、教室の床に転がっていました。

そして、つぎの瞬間……。

首も体もかき消すように見えなくなったのです。

次の日、雅弘くんの死体が駅の近くの公園の林のなかで発見されました。

犯人は、私がふたりいっしょにいるところを見た男の人でした。変質者が道を尋ねるふりをして、雅弘くんを連れ去り、公園で刺し殺したあと、首を切ったのだそうです。

雅弘くんは学校が気になったのでしょうか？

それとも、「はやく見つけて」といいたかったのでしょうか？

死への旅立ちを告げる光——川上雅子（三十五歳）

これは、私が中学二年生のころ、急性肝炎を患って入院したときの話です。

体が起こせないほど衰弱してしまった私を診察した医師は、母に「今夜が峠です」と告げたそうです。もちろん当の私は、あとで聞かされるまで、そんな医師の言葉は知りませんでしたが、朦朧《もうろう》とした意識のなかで、母のすすり泣く声を聞いて、自分はもうじき死ぬのか、と感じていました。

寝たり起きたり、はっきりしませんでしたが、目を開けると病院の白い天井が見えます。その天井を私はぼんやり見ていたと思います。

すると、しだいに目の前が暗くなって、つぎに気がついたときは、長いトンネルのなかにいました。

「さっきまで病室にいたのに……」

つぶやきながら歩いていると、二本の分かれ道にさしかかりました。一本は暗くて底冷えのするような道、そしてもう一本は遠くに明るい光の見える道です。

立ち止まって考えていると、白い着物を着た人がスーッと近づいてきました。そして、私の前に立つと、とても怖い顔をして、黙ったまま、もと来た道を指さすのです。

その表情にただごとではないものを感じた私は、明るい道のほうへ行きたいという衝動を抑えて、もと来た道を引き返しました。すると、目の前の黒い霧が晴れたかと思うと、そこには病室の天井がありました。

その日を境に、医師も看護婦さんも驚くほど、私はぐんぐん回復していきました。

経過が順調なので大部屋に移ることになりました。

私が退院の日をいまかいまかと待ち焦がれるようになったころ、六十歳代の女性がひとり新しく入院してきました。

「ただの検査入院なのよ」

やさしそうなその人は、笑いながらそういって、孫のような歳の私をずいぶんかわいがってくれました。しかし、隣のベッドの患者さんとのウマが合わなかったのか、ちょっとした感情的な行き違いがあって、その人は部屋を替えてしまいました。

やがて、あと数日で退院と決まった日、窓の外を眺めていると、白い人影がスッと通っていきました。

「えっ……?」

思わず声を出して、背中に冷たい汗が流れるのを感じました。なぜなら、私の病室は三階にあったのですから……。

〈誰か、死ぬのかしら……?〉

昔から、人より霊感が強いといわれている私は、そのとき、そう感じたのです。

しばらくして、トイレに行こうと病室を出ると、ナースステーションのほうに慌ただしい動きがありました。小走りの看護婦さんや医師たちがすぐそばの集中治療室に入っていきます。その前を横切った私の耳に、心拍モニターの「ピッピピッ……」という音が聞こえてきて、足先からゾクゾクと冷気が這い上がってくるのを感じました。

〈やっぱり……誰か死ぬんだ〉

また、心の声が聞こえてきました。

その夜、消灯時間の九時がきても、私はなかなか寝つくことができませんでした。やっとうとうとしはじめたころには、もう午前零時を四十分もまわっています。

うつぶせに寝ていた私は、いきなり背中に圧迫感を感じ、体を起こそうとしましたが、誰かがグイグイと押さえつけているようで、身動きができません。苦しくて「やめて！　苦しい！」と心のなかで叫んだ瞬間、耳もとで「ザーザー」というラジオの雑音のような音が聞こえ、やがてそれは「キュルキュル」というテープを巻き戻す音に変わりました。

息苦しさのなかで目を開けると、窓の外にまばゆい光の玉が見えました。六十センチくらいはあったと思います。

〈なんてきれいなんだろう……〉

体の重苦しさも忘れて見つめていると、その玉はどんどん小さくなり、最後には花火が消えていくように、きらきらしたメタリックの粉になりました。そして、何もなくなってしまったのです。

翌朝、看護婦さんがこっそり教えてくれました。

「あなたをかわいがってくれた、田中のおばあちゃんが昨日亡くなったのよ」

「何時ごろ？」

答えはわかっていましたが、看護婦さんに尋ねました。

やさしいおばあちゃんが亡くなったのは、やはり、午前零時四十分ということでした。

第四章　霊魂がうごめく恐怖のスポット

トイレの花子さんより怖い「東校舎の階段」

――東山佳代（二十六歳）

「トイレの花子さん」という怪談を知っている人はたくさんいると思います。私が通っていた小学校でも有名な話でした。でも、私たちは「トイレの花子さん」以上に恐ろしい事実を見てしまったのです。

その小学校には西校舎と東校舎がありました。西校舎は低学年が使い、東校舎は高学年が使っていて、当時、三年生だった私にとって、東校舎は未知の世界でした。

ある日のこと、「トイレの花子さん」の話をしていると、ひとりの友達が、

「東校舎の三階のトイレに、花子さんがいるって。夕方の五時半に、手前から三番めのトイレに行くと出るらしいよ」

といいはじめました。

どこから聞いてきた噂かわかりませんが、なんでもトイレの便器を時計まわりと反対方向に三回まわり、「花子さん、遊ぼ」というと出てくるというのです。

いかにもという方法なので、みんな笑っていました。でも、好奇心もあって、試してみることにしました。

まだ一度も行ったことのない東校舎には興味津々《しんしん》でした。私を含めて四人がそっと校舎に入り、噂のトイレに入って、噂どおりのことをしてみました。

わかりきっていたことですが、「花子さん、遊ぼ」の声に答えるものはいませんでした。みんなで笑いをかみ殺しながら、自分たちの校舎に帰ろうとしたとき、私は不思議なものを見つけてしまいました。

階段です。

三階建ての校舎の廊下に、さらに上に延びる階段がポツンとひとつ、あったのです。三階までしかない校舎に、なぜ階段があるのか？

私は友達三人と、階段の上のほうを見上げてみました。薄暗くてよくわかりませんが、小さな穴蔵のようなスペースがあるだけで、屋上につながる扉があるわけでもありません。

「なんだか、気味が悪いね。もう帰ろう」

みんな異口同音にそういうので、その日はそのまま帰ることにしました。

ところが、数日後、別のクラスメイトが私たちの学校にいる「花子さん」について、こんな話を始めたのです。

「花子さんにはお兄さんがいて、花子さんはそのお兄さんに階段から突き落とされて殺されたらしいよ。そのあと、お兄さんも自殺してしまって、トイレに出るのは花子さんではなくてお兄さんのほう。それも男子トイレにしか出ないらしい」

私たちは「どうりで、花子さんに会えなかったはずだ」といって笑いました。

笑いながら、私は思い出しました。

あの階段……。

花子さんは階段から突き落とされた……。

ただの噂話の偶然でしょうが、背中がゾクゾクしてきました。

いっしょに階段を見た友達も、おなじことを考えたのでしょう。東校舎の階段はいつの間にか、噂になっていました。

そしてついに、何人かで東校舎の階段を見に行こうということになってしまったのです。

あの日とおなじように、階段の上は薄暗くて何も見えません。誰もが何があるのか興味をもっているのに、階段をあがっていって確かめてみようとする人はいませんでした。

そうこうするうちに、男子のひとりがどこからか長い棒を持ってきました。見に行く勇気はないけれど、棒で穴のなかを探ってみようというわけです。

棒は暗い穴蔵のなかにスーッと入っていきました。

穴のいちばん奥に棒が届いたのでしょうか。棒がそれ以上進まなくなったので、持っていた男の子がグイグイと先端を動かしたときでした。

「キャーッ！」

先頭で見ていた女子が悲鳴をあげました。

棒の前のほうから、ツーッと何かが伝ってきたのです。

赤黒く、粘りのある液体……。血です。間違いなく血が流れてきて、それは見る見るうちに廊下の上に溜まっていきました。

「ギャッ！」

いろいろなところで悲鳴や泣き声に似たような叫び声が起こり、みんな、クモの子を散らすようにその場から逃げてしまったのでした。

騒ぎを聞きつけて、先生がたが走ってきて、全員東校舎から西校舎に移されました。

その日の放課後、担任の先生から、「東校舎の階段のそばには行かないように」という注意と、「あの血はネズミの血」という説明がありましたが、あんなにたくさんの血がネズミから流れるはずがないことくらい、誰でもわかっていました。

「花子さんの死体は、きっとあの階段の上の部屋に隠されていたのに違いない」

クラスメイトはみんなそう話し合い、またそう信じるようになってしまいました。

しかし、私たちもう、あの階段のそばには行きたくなかったので、その後、どうなったのか、長いこと確かめてはいませんでした。

それから二年経ち、五年生になって東校舎の住人になっていた私は、ふと階段のことを思い出して、何人かの友達と階段の下まで、そっと行ってみたのです。

階段の上にあったはずの穴蔵はきれいに塗りこめられ、壁紙も張り替えられていました。けれども、階段は残っていたのです。何の必要もない階段がなぜ残されているのか、ずっと疑問です。

私の卒業した小学校には、行き止まりの階段が、いまもあります。

半分つぶれたような顔——津山真紀(二十五歳)

私が小学校三年生のときの話です。

喉が渇いて夜中に目を覚ました私は、冷蔵庫に飲みものを取りに行きました。すると、物音がするので、真っ暗なリビングに目をやると、父が立っています。私がびっくりして声を出すと、父は「ニヤリ」と笑い、リビングをあとにしました。

これは、その数日前、父が体験した話です。

父の会社は海のそばの古びた建物の七階にありました。そこにはほかの会社のテナントも入っていたのですが、老朽化が進み、近く取り壊されることになりました。そのため、引っ越しの準備と仕事の残務整理に追われる父は、連日残業をしていたといいます。

その日も父はひとり、会社に残って仕事をしていました。

集中できるよう部屋の電気を消し、机上のライトだけをつけて仕事に没頭していた父がふと気がつくと、もう十一時をまわっています。そろそろ帰ろうかと、立ち上がりかけたとき、廊下のほうから人の話し声が聞こえてきました。まだ、ほかにも残業している会社があるのかと思いながら、後片づけをし、机のライトを消して、戸締まりをしたときには、その話し声は聞こえなくなっていました。

廊下に出たときです。

「ギィイイイイ……」

と、どこからかドアを開ける音がしたかと思うと、

「カッカッカッカッカッカッ……」

足音が聞こえてきました。

振り返って見ましたが、誰もいません。

父は、たいして気にもせず、故障中のエレベーターを横目で見ながら、階段を使って一

階まで降りました。そして、ふと見上げると、七階の会社の明かりがついていました。

責任感の強い父は、溜め息をつきながらも、ふたたび階段を使って七階へ……。

ドアを開けて入ってみると、部屋のなかは真っ暗です。

「おかしいなあ」

独り言をいいながら、階段のほうへ向かおうとしたとき、

「コツコツコツ……カッカッ……コツコツコツ……カッカッ……」

明らかに自分のものではない足音が背後から聞こえてきたといいます。

父は振り向きました。

しかし……誰もいません。足音も聞こえなくなっていました。

非常灯が廊下を不気味に照らし出しています。背筋がゾクッとし、さすがに気味が悪くなった父は、急ぎ足で階段に向かいました。すると……。

「コツコツコツ……カッカッ……コツコツコツ……カッカッ……」

またしても、あの足音が聞こえはじめたのです。たしかに背後から、まるで父の歩くペースに合わせてついてくるかのように、それは追ってきました。

六階……五階……四階……降りていくうちに足音はどんどん父との距離を狭めてきます。

「コツコツコツコツコツコツ……カッカッカッカッ……コツコツコツコツコツ……カ

ツカッカッカッ……」

三階につくころには、それはもう真後ろで聞こえました。

〈振り向くな……振り向くな……振り向くな……振り向くな……振り向くな……〉

父は自分に言い聞かせながら、必死に階段を降りました。

二階についたとき、不意に足音が聞こえなくなりました。それでも、父は振り返らず急いで一階までたどりついたのです。

そして、安心感からつい後ろを振り向いてしまったとたん、頭から足までびしょ濡れになった女が父におおいかぶさってきたのでした。黒い髪がべったり張りついたその顔は、半分がつぶれていたそうです。

父の記憶はそこで途切れ、気がついたときは病院のベッドでした。

後日、ビルのガードマンから、昔、その建物の敷地内で顔のつぶれた女の遺体が発見されたことがあるという話を聞かされたといっていました。

私が父から聞いたこの話は、いま思い出しても背筋が寒くなるのですが、もっと怖かったのは……、あの夜、私を見て「ニヤリ」と笑った父の顔がつぶれたように歪んでいたことなのです。

恐怖の怨霊エレベーター——斉藤文代(四十八歳)

朝、健康のために始めた新聞配達にもようやく慣れはじめ、十階建てのマンションの入り口で手早く新聞をまとめた私は、エレベーターに急ぎました。エレベーターは八階でとまっています。上昇のほうのボタンを押すと、まもなく、一階まで降りてきました。

五月とはいえ、まだ暗い時間帯です。私はいつものように十階のボタンを押しました。最上階まで行って、各家の前まで新聞を配達しながら降りてくるのです。

ところが……。

エレベーターは八階でとまりました。

私が一階でエレベーターの上の表示を見たときも、それは、たしか八階にありました。〈こんなに朝早く、誰か出かけるのかしら〉と思って、体を少しよけながら、エレベーターのドアを開くのを待ちましたが、誰もいません。

私は首をかしげながら、『閉』のボタンを押しました。

でも……ドアは閉まりません。何回もボタンを押しました。

「故障かしら……」

つぶやきながら、なおもボタンを押しつづけるのですが、ドアはピクリともしません。

仕方がないので、あと二階分階段で上がろうと決め、エレベーターを降りたとたん、

「スー……」と、ドアが閉まったのです。

少し、いやな感じがしました。

〈振り向いちゃダメ！〉

心のなかではっきりそう思いました。

ですから、階段を大急ぎで駆け上がって、息を切らせながら、十階まで走りました。

一軒ずつ、郵便受けに新聞を入れているうちに、胸騒ぎのようないやな感じも消えてしまったので、階段を使って九階に降り、また一軒ずつ配りました。そして、つぎに八階まで駆け降りてくると……。

エレベーターのドアが開いているのです。

たしかにさっき閉まったはずのドアが、また開いています。私がギクリと足を止めると同時に、エレベーターのなかから冷たい風が「ヒュッ」と吹いてきました。その季節には似つかわしくない、冷凍庫のなかから吹いてくるような冷たい風が……。

私は無我夢中で走りに走って八階の新聞を配ると、転がるように階段を駆け降り、七階、六階と、ものすごい勢いで配り終えました。息が切れても、足がもつれそうになっても、

とにかく無我夢中で一階まで駆け降りたのです。

すると、エレベーターはいつの間にか一階でとまっているではありませんか。

私はなるべくエレベーターのほうを見ないようにして、通りすぎようとしました。ところが、そこでとんでもないことに気がついたのです。配り終えたはずの新聞がまだ一束あまっているのです。急ぎすぎて四階に配るのを忘れたのでした。

行かなければよかったのです。

少なくとも、もっと明るくなって、人が起きだす時間に行けばよかったのです。

しかし、このとき、私はどうしても配り終えなくてはと考えてしまいました。しかも、もう階段を駆け上がる力も残っていなくて、エレベーターに乗ってしまったのでした。

そして、四階のボタンを押しました。

一階……二階……三階……四階……。

とまりません。

エレベーターは、血の気を失った私を乗せたまま、五階、六階、七階……そして、八階でとまったのです！

ドアが「スー……」と、音もなく開きました。

外に飛び出そうとした私の体に衝撃が走りました。外に出られないのです。誰かが、私

8

の上着の裾をしっかりとつかんでいて……。

振り向いた私の前には、青白い顔をした小さな男の子が立っていて、悲しそうに笑っているのでした。

それから、どうやってマンションの外まで逃げてきたのか、憶えていません。

ただ、その日のうちに、一カ月前、八階の窓から男の子が転落して死んだという話だけは聞かされました。

夜間救急病院にうごめくもの——福地美紗子（四十四歳）

ことの発端は、ひとつの風鈴でした。

当時流行っていたベルチャイムのようなその風鈴には細い金属の筒が何本もぶらさがり、金属のオブジェがピアノ線で細工されていました。

軽い音が気に入り、カーテンレールにつるしてあったのですが、それが夜中に突然、落ちてしまいました。その衝撃で、筒とオブジェをつなぐピアノ線はほどけてしまいました。お気に入りだったので、主人はなんとか直そうとしてくれたのですが、どういうはずみか、ピアノ線が手のひらに刺さってしまいました。血は出ていないし、痛みもそんなには感じないといいます。それでも、やはり夜間救急病院に行くことにしました。

家から車で十分くらいのところに、有名な救急外科がありましたので、私が車を運転して向かいました。そして、駐車場に車を止めたとき、いきなりひとりの男の人が目の前に現われ、こういうのです。

「私、ここから動けないのです……。助けてくれませんか?」

私には、それが生きている人間ではないとすぐにわかりました。体が透き通っているのですから。でも、主人には何も見えていないし、声も聞こえていないはずです。そうなのです。私はいつのころからか、人に見えないものが見え、聞こえないものが聞こえるようになっていたのです。

私は困惑顔の男の人にいいました。

「残念ですが、あなたは亡くなられたのです」

そういったとたん、男の人は「うわあ!」と大きな声をあげ、しゃがみこむと、そのまま小さな黒い塊となって消えていきました。

私はそっと合掌すると、主人のあとを追って病院に入りました。

「どうすれば、手のなかでこんなにうまくねじれるんでしょうね」

医師は、不思議そうに首をかしげました。ピアノ線は手のひらのなかで英語の小文字のℓのようにくるりとまわっているといいます。相変わらず、血も出ていないし、手のひらにピアスをしているようです。考えてみれば、これ自体が不思議な出来事でした。抜けそうにもないので、切開して取り出すしかなさそうでした。

主人が処置を受けるあいだ、私は診察室の前に置かれたソファに座って待つことにしました。夜も遅く、診察室のドアが閉められると、廊下には誰もいません。明かりも抑えられているので、気味が悪いほど静かでした。

しばらくすると、薄暗い廊下の先の鉄扉が音をたてたような気がしたので、ふと目をやりました。看護師さんでもやってきたのかと思ったのです。ところが、鉄扉はほんの数センチ開いただけで、誰も入ってくる気配はありません。

……いいえ、入ってきたものがありました。

鉄扉の下から、黒くドロドロしたアメーバーのようなものが、這い出してきたのです。アメーバーはつぎつぎと溢れだしてきます。ドロドロと……。

そして、鉄扉のこちら側に来ると、徐々に大きな塊となり、やがて「人」になりました。まるで地面から湧いてくるように、何人もの「人」が立ち上がります。その「人」たちはみんな傷だらけでした。

肩から腕がもぎ取られたような人……。体じゅう血だらけの人……。片目が頬まで垂れ落ちた人……。頭が割れて脳みそがはみ出している人……。内臓が見えている人……。

まるでホラー映画のゾンビの集団でした。

呻《うめ》きながら廊下を這いずり、ゾンビたちはこちらに向かってきます。そこには、明らかに憎悪がありました。ゾンビたちの発する怨念が私の体にまつわりついてくるようで、息苦しく、心臓が激しく締めつけられるような感覚に襲われました。

血が逆流し、喉がカラカラで、体はぎこちない動きしかできません。それでも、私は全身の力を振り絞って、診察室のドアを開けました。明るい光が廊下に漏れたとたん、ゾンビたちはありったけの憎しみの目をこちらに向け、そして消えていきました。

ちょうどそのとき、治療の終わった主人が立ち上がりました。私は急いでその腕をつかむと、全速力で外に飛び出し、駐車場に走りました。

救急用の入口に立てつづけに救急車が走りこんでくる光景を目の前に見ながら、私はあのゾンビたちは交通事故で運びこまれ、亡くなった人たちなのだろうと思いました。

エンジンをかけ、車を発進させながら振り向いた私は、病院の窓に張りついた何十、いえ何百もの人の手を見ました。それは、空をつかむように、あるいは私を手招きするようにうごめいていたのです。

魔物が棲むトンネル——蓮田智己(三十二歳)

これは、私が事故で入院していたとき、病院で知りあった斉藤さんが体験したという、血も凍るような話です。

ある日、斉藤さんは仕事のトラブルを抱えこみ、なんとか処理をして帰路についたときには、もう午前零時をとっくにまわっていました。まだ、初夏だというのに、昼間の暑さがそのまま残っているような夜で、車の窓からは生暖かい風が入りこんできました。

鎌倉市にさしかかったのは二時少し前でしたが、そこで斉藤さんは巷《ちまた》で噂の「幽霊トンネル」の話を思い出しました。鎌倉はまわりを海と山に囲まれた歴史ある土地で、町と町をつなぐトンネルがいくつかあります。そのなかに「魔物が棲む」といわれている場所があるのです。そこを通ると、急にカーステレオが故障したり、いないはずの人がバックミラーに映ったりするのだという話が、まことしやかに伝えられていました。

学生時代に友人と「心霊スポットめぐり」をしたことを思い出しました。たしか、鎌倉のトンネルにも行ったはずですが、そのときは何事もなく、空振りに終わりました。

斉藤さんは、急に「魔物が棲むトンネル」を通ってみたくなりました。仕事のストレスもたまっていたので、気分転換をしたかったのかもしれません。

それが、とんでもないことを引き起こすとも知らず……。

斉藤さんは帰り道を外れると、トンネルの方向を目指しました。深夜なので、すれちがう車もなく、二十分もしないうちに問題の場所が見えてきました。

すると、先ほどまでの生暖かい風が一変し、窓から冷たい風がスーッと入ってきました。

それは涼しいといった風ではありません。寒い、そう感じた斉藤さんは、全開にしていた窓を閉めようと、パワーウインドウに手を伸ばしました。

そして、パワーウインドウが半分くらいまで上がったときです。突然「ガツン」と鈍い音がして、運転席の真後ろの窓だけがそれ以上閉まらなくなってしまいました。故障かな、と思いながら、斉藤さんはトンネルのなかに入っていきました。

トンネルのなかに入ると、さらに空気は冷たくなり、そしてパワーウインドウは閉まりません。

〈これが、心霊現象か？〉

もしこれが心霊現象というのなら、ただの故障や少し寒くなった風を必要以上に怖がった人の錯覚だと考えたとき、いきなり、

「ヴァババババーッ！」

けたたましい爆音がトンネル内に響きわたりました。

思わず体をかたくした斉藤さんは、バックミラーに映る光にさらに緊張しました。凄まじい勢いで大型トラックが追いかけてきたのです。

真後ろに迫ったトラックはクラクションを鳴らしつづけています。さらに、パッシングを繰り返すので、斉藤さんはハンドルにしがみついて、アクセルを踏みつづけました。

やっとの思いでトンネルを抜けた斉藤さんは、暴走トラックに道を譲るため、ウインカーをつけて車を左端に寄せました。

ところが、トラックは斉藤さんの車を追い越さず、真後ろに止まったのです。バックミラーを見ると、運転席から黒い人影が現われ、まっすぐに近づいてきます。

〈もしかすると……これが、例の……？〉

斉藤さんは胃がギュッと締めつけられるような恐怖を感じ、顔を伏せるようにして、ハンドルにしがみつきました。

「ドンドンドンドン！」

いつの間にかすべて閉まっていた車の窓を外から激しく叩かれました。

「ドンドンドンドンドン！」

恐ろしいけれども、正体も見てみたい。そんな考えがふと頭をよぎり、斉藤さんが恐る恐る顔をあげると、男が大声で叫んでいました。

「大丈夫ですか？　なんともありませんか？」

なんのことだか、さっぱりわかりません。そこにいたのは普通の人間で、とくに怪しげなところもありませんでした。

ただ、顔は青ざめ、唇が震えているところを見ると、何かに怯えきっているようです。

呆然としながら、斉藤さんが窓を開けると、男はこういったのです。

「黒い影があなたの車の後ろの窓から入りこもうとしていたんですよ！」

もし、「それ」に入りこまれていたら、斉藤さんはどうなっていたのでしょうか？

その場はなんとか助かったものの、それから斉藤さんはたびたび事故に巻きこまれるようになったのだそうです。

夏の夜の心霊スポット・ダブルデート――福山由希子（二十四歳）

いまから四年前の話です。

友達どうし四人で「お化け話」をしていると、真人が「心霊スポットに行こう」といいはじめました。そこは仲間内でよく話題になる場所で、「絶対に出る」というのです。私たちは心霊も超常現象も信じていませんでしたから、恐怖感などありません。

「よし、行ってみよう」

話は簡単に決まりました。男ふたり、女ふたりで夏の深夜の心霊スポット・ダブルデート、という感じでした。

そこは海のそばの廃墟となっている民宿です。

「この先の崖、自殺の名所らしいよ。飛びこんだら最後、絶対に助からないし、死体も上がらないんだって」

そんな話を聞きながら、崩れそうな民宿に入っていくと、入口の鴨居のところにぶらんと縄が垂れ下がっています。まるで、首吊りのための縄のようでした。

窓ガラスは全部割れ、歩くたびに床に散らばったガラスが「バリ……バリ……」と不気味な音をたてます。湿っぽい空気がなんとなく冷たくなってきて、私が〈いやだなあ……〉と感じたとき、真人が「なんだか、気分が悪くなってきた」といいはじめました。

怖いという実感はなかったのですが、他のふたりも薄気味の悪いものを感じはじめたのか、「もう、帰ろう」と、みんなで壊れそうな民宿を飛び出しました。

帰り道、お腹もすいたので、コンビニでおにぎりでも買おうと、駐車場に車を止め、降

りようとしたのです。ところが、真人が、

「ドアを開けるな！」

と、後部座席から不機嫌に叫びました。

何事かと思って後ろを見ると、真人は座席の隅で体をかたくして膝を抱えています。しかも、「ガタガタ」と震えているのです。それは、普通の寒さで震えるという感じではなく、体が「ガクガク」と揺れているような状態でした。

何が起こったのか、わかりません。後部座席の真人の隣に座っていた女の子がそっとドアの把手に手を伸ばすと、

「開けないでっていったでしょ」

今度は女性の声が聞こえました。真人が高い声でヒステリックに叫んでいるのです。

「真人！」

私が声をかけると、真人は突然、白目を剝いて、口からアワのようなものを出しはじめました。何度声をかけても返事はありません。

私たちはすっかりあわててしまって、どうしていいのかわかりません。そのとき、私はとっさに「塩だ」と思いました。そこで、車を飛び出すと、コンビニに駆けこんで塩を買い、真人の座っている後部座席のドアのところに盛りました。すると、真人が正気に返っ

たように目を覚ましたので、ほっと胸を撫で下ろしました。

ほかのふたりも一安心して、みんな車から降りたのですが、つぎの瞬間、また真人のようすがおかしくなりました。二十歳になる真人がその場で子どものように踊りはじめたのです。そして、車を指さして「ブーブーで、どこに行くの？」といいます。

どうしていいのかわかりません。

ただ、これは別人だと思った私は思いきって真人に話しかけてみました。

「この辺に住んでるの？」

「うん」

「もしかして……死んじゃったの？」

「うん。あそこの崖からお父さんとお母さんとみんなで飛び降りたの」

と、答えるではありませんか。

「どうして？」

「お父さんのお仕事がなくなったの」

震えを抑えて話しながら、もしかしたら……と、直感した私は、

「お父さんとお母さん、いま、近くにいる？」

と聞いてみました。

すると真人は、いえ、真人のなかの女の子は「うん。あそこ」といって私たちの乗っていた車を指さしました。

真人は一家心中した霊に取り憑かれたのです。鳥肌が立ちました。

けれども、このままでは真人を助けることはできません。私は大きく息を吸いこむと思いきっていいました。

「でもね、この体はお兄ちゃんのものだから、返してあげなきゃダメだよ」

すると、女の子は、「うん……。ごめん」といってくれました。

そして、真人は元の真人に戻ることができたのです。

この体験を通して、私たちは「心霊スポット」に興味本位で行ってはいけないことを身にしみて知ったのでした。

北アルプスK岳の怪――大塚楠雄（七十歳）

K岳は北アルプスのある連峰に属する山です。有名なところですが、まだ現役で山を極めようとしている人のために、名前はあえて伏せておきたいと思います。

三千メートル級の高峰が競い合うアルプスのなかでは、決して高いほうではありませんが、山頂尾根の両側の優美なシルエットと標高差二千メートルの直登を強いられる急峻さは、常にアルピニストのあこがれの的です。

もう三十年も前の夏の終わりのことですが、私は三日間の休みをとって、いつもの相棒の佐藤くんとふたりでこの山に挑戦しました。

その日は快晴でした。

シーズンも終わりに近く、臨時バスはもう運行されていません。O町から四時間かけてその日の野営地についたときには、もう日も暮れかかっていました。モミの木の大原生林はいっさいの音を奪い、あたりは静寂と冷気に満ちていました。そこからは、明日登頂するK岳の見事なシルエットが夕焼けに浮かび上がって見え、胸が高鳴る思いでした。

幸い、シーズン中に乗り入れていたバスの待合所の掘立て小屋が森のなかに残っていたので、簡単な夕食をすませた私たちは早々とシュラフにもぐりこみました。

どのくらい眠ったでしょうか？

建てつけの悪い引き戸の「ガタガタ……」という音で目を覚ましました。風が出てきたのでしょう、やけに寒くて、シュラフのなかで身をすくめると、どこか遠くのほうから物音が聞こえてきました。

「ズッ……ズズ……ズッ……」

登山靴……？　聞き耳を立てました。

「ズッ……ズズ……ズッ……」

たしかに登山靴の音です。それも、ゆっくり引きずるような重い足取りの……。

こんな時間にどうしたのだろうと、私はシュラフから首だけ出して、耳を澄ませました。

もしかしたら、下山途中に怪我をしたか、道に迷った人かもしれません。

いつの間にか、佐藤くんも目を覚ましていて、口を開きました。

「大塚さん、誰か来ますよ」

「うん、そうらしいな。だけど、なんでいまごろ……」

「遭難でもしたんでしょうか？」

佐藤くんの声は意外に冷静でした。それに勇気づけられた私は起き上がって、ヘッドランプをつけました。午前一時ちょっと前です。

ちょうど目の高さにある小さな磨りガラスの窓に手をかけ、思いきって開け放ってみました。とたんに、夜目にも真っ白い霧があふれるように流れこんできます。

私は首を突き出して、外を見まわしました。

おりから「ゴーッ」と風が起こって、モミの木の梢から露が激しく降ってきました。

「誰もいない……」

そういった私の声は夜の闇に吸いこまれていってしまうようでした。

佐藤くんが私の肩をポンポンと叩くと、今度は自分が窓から首を突き出して「おーい！」と大声で呼びかけました。このときの彼の声は心なしか震えているようでした。

窓を閉めると、ふたりで顔を見合わせました。闇に慣れてきた私の目は、彼の顔がやけに青くなり、微かに痙攣《けいれん》しているのを見逃しませんでした。

「錯覚ですよ」

という佐藤くんの言葉を、

「ふたりとも聞いたのに、錯覚か？」

と否定しておいて、変なことをいわなければよかったと後悔の気持ちが湧いてきます。

たがいに足音の主を想像しながらも、口に出してしまうことが怖くて、ふたたびシュラフにもぐりこみました。逃げこんだといったほうがいいかもしれません。

すると……、また、あの音が……。

「ズッ……ズズ……ズッ……」

いかにも疲れきって、これ以上は歩けないといったような感じの足音……。

その足音から逃れるように、二転三転する佐藤くんの気配を感じながら、私は耳をおおいました。やがて、昼間の疲れがふたりを眠りに誘っていきました。

翌日は快晴。新しい曙光《しょこう》にルビーのように染まったK岳は、ふたりの冒険心をいやがうえにも奮い立たせてくれます。これからの長く厳しい行程を考えたとき、前夜の足音のことなどすっかり忘れていました。

五時に出発し、私たちは登りつづけました。

六時間の直登につぐ直登の末、ようやく予定の小屋に到着。標準時間を二時間は短縮しているスピードでした。

途中、大絶壁頂部の雪渓《せっけい》を横歩きにトラバースしたとき、ふと、昨夜の足音が脳裏に甦りました。この雪渓から滑落したら、まず助からない。遺体だって発見されないかもしれない……。瞬時にそんなことが頭をよぎりました。

小屋に荷物を預けて、頂上までさらに二時間、私たちは挑んでいきました。山の天気は変わりやすく、頂上から見えるものは濃霧だけでしたが、困難を克服した末にあこがれのピークを踏んだ感激は少しも色褪せはしません。

山男たちのもうひとつの楽しみは、山小屋の主人を囲む夕食の集まりです。その日も初めて会う六、七人の人たちと話が弾みました。

ひとしきり話し終わったころ、私は気になっていたことを口にしました。

「おやじさん、昨日の夜、ビバークしたんだけど、そこで足音を聞いてね」

「なんだ、熊でも出たか」

「いや、たしかに人の足音でした。それも重いナーゲルを引きずるような……」

「昨日は、そんなに遅くに出発した客はいなかったなあ」

「遭難でもしたんではないでしょうか。雪渓で滑落したとか……」

思いきって、そうつけ加えたとき、私はなぜか背筋に寒さを覚えました。

「滑落？　まさか、あそこでこけたら、生きて帰れまい」

といいながら、主人は急に真顔になり、「待てよ」と独り言のようにいうと、すぐ脇の暖炉の上の箱から汚れたノートを取り出しました。一年前の山小屋日記です。パラパラめくっていた手を止めると、顔をあげて、私の目を見据えました。

「これだ、間違いない」

髭面が引きつっています。まわりの山男たちも一瞬にして静まり返りました。

一年前、名古屋の山岳会のパーティのひとりが滑落していたのでした。遺体は見つかっていないといいます。

おやじさんは一息おくと、絞り出すような声でこういいました。

「遭難したのは、八月二十七日。二十七日といえば……ちょうど、昨日だったんだよ、滑落したのは……」

カーテンを開けてしまったら……

――益井輝子(三十歳)

高校生だったときの話です。

あるとき、私は仲良し五人グループと、そのなかのひとりのご両親といっしょに雲仙に旅行することになりました、泊まるのは、いっしょに行ってくれるおじさんの会社の別荘です。

私たちの住んでいる町からフェリーに乗り、長い道のりをドライブして、山の上にある別荘を目指すうちに、霧が濃くなってきました。濃霧のなか車はゆっくり進み、事故もなく、無事に別荘に着くことができました。

おいしい夕食とお風呂のあと、私たちは五人そろって、まるで教室のように広い自分たちの部屋に入り、友達のご両親はその隣の部屋にと分かれました。

それからは「お菓子宴会」です。持ってきたお菓子を囲んで、みんな思い思いに学校のことや家族のこと、好きな人のことなど、話はつきません。

話が盛り上がっている最中でしたが、急に薫が立ちあがると、ちょっと怖い顔をして、カーテンを全部閉めました。薫が霊感の強いことは知っていました。

〈はあ、やっぱり気のせいじゃなかったんだ……〉

やはり、濃霧のなかにいやな気配を感じていた私は、ちょっと憂鬱《ゆううつ》になりました。

そして、つぎには和美が黙ったまま、鏡にタオルをかけたのです。和美も「感じる」ことのできる体質です。

「どうしたの？」

私が尋ねると、

「ちょっと……鏡の前でゾッとした」

ということでした。

そうなのです。認めたくはないのですが、何かがおかしいのです。

でも五人いっしょにいるのですから、怖くはない、明るくいこうと、なるべく忘れようとしていました。

しばらくすると、遠くでサイレンが聞こえはじめました。パトカーや白バイのサイレンです。きっとこのドライブコースを走っている暴走族を追っているのでしょう。サイレンはすごいスピードで近づいてきますが、カーブのぐあいによって、大きくなったり、小さくなったりしました。

そのとき、気がつきました。

外は十メートル先も見えないような濃霧なのです、そのなかをそんなスピードを出して走れるはずがありません。でも、どんどん近づいてきます。それはまるで、狼の遠吠えのように聞こえました。

サイレンはついに建物のすぐ下で、鳴りはじめました。

私はその音でムンクの描いた有名な『叫び』を思い出しました。「うおおおおお〜」と叫んでいるような声に聞こえたのです。

私たち三人は部屋の中央に集まって、ただ怯えていました。このとき、何も感じない体質のふたりはもうすでに、すっかり眠りこんでいました。ふたりにはサイレンの音が聞こえないのでしょうか……。不思議でした。

薫もふたりの隣に仰向けに寝転んで、胸の上に手を組みました。

私が、

「そのポーズ、気味が悪いからやめてよ」

というと、薫は急にむっくり起き上がり、

「おじいちゃん、おばあちゃんが、大勢、グルグルしてる」

と、言い放ちました。

やはり、ここには何かあるのです。

私たちは三人並んで横になると、朝までしゃべっていることにしました。枕もとには三人の目覚ましを並べ、とにかくすっかり明るくなる六時まで頑張ろうと決めたのです。

ときどき睡魔に襲われ、うとうとしながら時が経つのを待ちました。長い夜でした。

その夜は終わらないのではないかとさえ思ったそのとき、目覚まし時計が鳴りました。

「やった！」

カーテンを開けて、朝日が入ってくれれば、不気味な空気はどこかに行ってしまうに違いないと、私が窓に向かって歩きはじめたとたん、「待って！」と薫が叫びました。そして、携帯を取り出すと、時刻を調べはじめたのです。

「……まだ、四時だよ……」

そんな……。たしかにきちんと時刻を合わせて枕もとに並べたはずの時計が、狂っている……しかも、三つの時計すべてが……。

私は腰が抜けたように、その場に坐りこんでしまいました。

それから、また長い長い時間が過ぎ、カーテン越しにも朝日の暖かさが伝わってきはじめたとき、私たちはやっと、生きた心地に戻ることができました。あんなに朝を嬉しく思ったことはありません。

もし、あのとき、カーテンを開けてしまっていたら、どうなっていたのでしょうか？

あとでわかったのですが、その別荘は昔、老人用の施設だったそうです。薫がいっていた「おじいさん、おばあさんが大勢、グルグルしている」という意味もわかった気がしました。

楽しい旅行でも泊まるところを選ばなければ、とんでもないことになるのです。でも、「感じない」体質の人たちは、自分を守ることもできないのではないかと、少し心配です。

死を招く「青白い手」――佐山隆之（二十五歳）

男女四人でドライブがてら胆試しに行ったときの話です。

目的地は一時有名になった霊園で、電話ボックスに女の人の霊が出たり、事故が多発したりという噂には事欠かないところでした。

友達の芳樹が運転して僕が助手席に乗りました。後部座席の女の子ふたりは、つい一時間ほど前に知りあったばかり。ナンパしてきた子たちでした。

「心霊スポット」と聞いた女の子たちが怖がって騒ぎはじめたので、車からは降りないで通りすぎるだけという約束で出発しました。

そこは山ひとつが霊園になっているという広大な敷地で、夜中の零時もすぎれば、行き交う人はもちろんのこと、車さえいません。いやがうえにも緊張は高まってくるのですが、例の電話ボックスを通りすぎても何事もなく、なんだか物足りないくらいでした。

そう思っていると、急にスピードアップしたので、

「おい、出しすぎじゃないか」

といったのですが、芳樹は、

「あ、足が重くて動かないんだ」

と、緊張した声を出します。

その表情から冗談をいっているとは思えませんでした。

心配して後ろから覗きこんできていた女の子のひとりが、突然、「きゃー!」と叫び声をあげました。そして、芳樹の足もとを指さしながら、こういったのです。

「手が……青白い手が……乗ってる」

助手席の僕からは見えなかったのですが、覗きこんで確かめる勇気はありません。

真実はどうであれ、このスピードでは先のカーブを曲がりきれないことだけは明らかでした。夜中の事故が多い場所だとは聞いていたのですが、いやな予感がしてきました。

もう怖がっている場合ではありません。

僕は大きく息を吸いこむと、なるべく下を見ないようにしながら。芳樹の足に手を伸ばして思いっきり引っ張ろうとしました、ところが、両足ともすごい力で踏んばっているようで、びくともしません。

芳樹は意を決したように叫びました。

「おまえら、このまま飛び降りろ！」

けれども、僕たちは戸惑ってしまって動けませんでした。すると、芳樹がもう一度大きな声を張りあげました。

「早くしろー！　死にてえのか！」

その怒鳴り声に後ろの女の子はドアに手をかけ、飛び降りるタイミングをはかりはじめたようです。

「この子たちが降りたら、おまえも行けよ！」

芳樹はハンドルを強く握りしめたまま、私に向かってそういいました。

しかし、ここで僕が降りたら、芳樹はカーブを曲がりきれず、車ごと崖から転落してしまいます。彼は自分だけが犠牲になろうとしているのでした。そんな彼を見捨てることはできません。僕も覚悟を決めました。

そして、なんとしてでも彼の足を動かそうと、渾身の力をこめて持ち上げました。すると、少しずつですが、力が弱まってきました。ようやくアクセルから足が離れたときを見計らって、僕はサイドブレーキを思いきり引き上げました。

そうして、四人とも怪我もなく、その難から逃れることができたのでした。

あとになって、電話ボックスに出る女の霊について詳しく話を聞いたのですが。十年ほど前にナンパされてレイプされた女性があの霊園に置き去りにされたのだそうです。そのとき、女性は電話ボックスから警察に連絡をしましたが、数日後に自殺してしまったということでした。

それからというもの、事故が多発し、その女性の霊が霊園を彷徨《さまよ》っているという噂がまことしやかに囁かれるようになったのだそうです。

もし、それが事実なら、芳樹の足を押さえていた青白い手は、強い恨みを残した女性の霊なのかもしれません。

女の子たちだけでも助けようとした芳樹の心が伝わって、許してくれたのかもしれません。そう考えると、僕たちが経験したことも辻褄《つじつま》が合うと思いました。

真夜中の温泉風呂――岩崎修子（四十四歳）

四年前の秋、紅葉で木々が装いをはじめたころ、山奥にひっそりたたずむ温泉宿に宿泊しました。その日、宿泊したのは私たち夫婦と、ほかには一組のお客さんだけでした。

私たちは八畳に四畳半の部屋がついた広々とした客室に通されたのですが、なんとなく空気が冷たく感じられる部屋でした。それでも、掛け軸の絵は素晴らしく、大輪の黄色と白の菊もきれいに生けられていたので、心癒される思いでした。

「ずいぶん古い旅館だけど、趣があっていいわね」

私がそういうと、主人は庭先の色とりどりの葉を眺めながら微笑んでいました。

静寂のなかで、山の幸の夕食を楽しんだあとは、温泉という楽しみも待っています。

広い内風呂には先客はいませんでした。私ひとりだけの貸し切り状態です。薄明かりのなか、一歩足を踏み入れると、シャワースペースは仕切られ、アメニティグッズもそろっていましたし、お風呂自体も大きいのでゆったりくつろぐことができそうでした。

ついつい長湯をしてしまい、先に出ていた主人はお風呂の前の椅子に腰かけて「遅いよ」と待ちくたびれた顔をしていました。

「そこの壁に、写真や絵が飾られてるよ」

私を待っているあいだ、あちこち歩いていたらしく、お風呂と客室をつなぐ一角に何点かの写真や絵があるといいます。さっそく私もいっしょに行ってみると、なかなかいいものがそろっていました。

そして、そのなかになぜか気になる絵を見つけたのです。着物を着て高島田に髪を結いあげた女の人の絵です。

「誰だろうね。旅館の女将《おかみ》か、お客さんか……」

主人も興味をもったらしく、しげしげと眺めていました。

私はその人の着ている派手な色の着物が華やかに見える分、その表情に寂しさも怪しさも隠されているように感じたのでした。

部屋に戻り、ビールを飲みながら話をしているうちに、夜も更けてしまいました。体も少し冷えてきたようです。私たちは、もう一度、温泉に入ってから眠ることにしました。

そのとき、またあの絵の前を通っていくのだと思うと、わけもなくいやな感じがして、私はなるべく見ないように通りすぎました。

真夜中、誰もいないお風呂はなぜか不気味です。

なるべく早くあがろう、そう思いながら湯船に体を沈めたとき、「ガタッ」と音がして、誰かが入ってきました。

ほかにも泊まり客がいるのだし、もしかしたら旅館の従業員かもしれないのに、私はギクリとして、音をたてないように体を縮めました。

そっと入口近くに目をやると、人が入ってきたことがわかりました。壁に影が映っています。

〈なんだ。別のお客さん……〉

そう思った瞬間、おかしなことに気づきました。

壁に映った影、それは着物姿のように見えました。そのうえ、髪は高島田に結いあげています。

あの絵……。あの絵のなかの女の人によく似たシルエット……。

その影は、ただお風呂のなかを横切っただけで、スーッと消えていきました。そのあいだ、小さな物音はしたものの、お風呂の戸を開ける音は聞こえてこなかったのです……。

私はしばらく身動きできませんでした。温かいお湯のなかにいるはずなのに、体じゅうに鳥肌が立っています。

ほんの数分のことだったのかもしれませんが、何時間にも感じられました。私は、誰もいないことを確かめると、お風呂から飛び出して、男湯の入口を調べました。でも、主人のスリッパはありません。

先に部屋に帰ってしまったのかと、急いで戻ってみましたが、誰もいませんでした。

三十分ほど経ってようやく帰ってきた主人に、どんなに心細かったか、食ってかかってしまいましたが、主人は上機嫌で、

「風呂でいっしょになった初老の人が絵描きさんで、部屋まで行っていろいろ話しこんでしまったんだよ。おまけにジャスミンのアロマオイルまでいただいた」

小さな茶色い瓶を手渡してくれました。

私がお風呂で見た影のことを話しても、「気のせいだよ」と笑ってとりあってはくれませんでした。

けれども、翌朝、主人も私の話を信じないわけにはいかなくなりました。

朝になって、昨夜の絵描きさんにもう一度お礼をいいたいと、宿の人に問い合わせをしたのですが、昨日の宿泊客は私たちと若いカップルだけしかいないということでした。

そして、枕もとに置いてあったはずのジャスミンのアロマオイルの小瓶は、あとかたもなく消えていました。

もしかすると、主人が会った絵描きさんというのは、あの絵を描いた人だったのかもしれません。

第五章　霊界からの訪問者

あーちゃんの歯形栗――久保木淑子(三十六歳)

これは福島県のN町に伝わる実話です。

私の母は七十歳になりますが、それよりも古くから伝えられている話だそうです。


山里近くの家に、病気がちな幼い女の子がいたそうです。もともと体の弱い子だったのですが、さらに重い病気にかかってしまいました。母親は懸命に看病し、お医者様にも来ていただきました。ところが、お医者様は顔を曇らせて「あきらめてください」といったのだそうです。

そういわれてもあきらめきれない母親は、何日も眠らないで、看病しつづけました。けれども、傍目《はため》にも長くはないとわかってきました。


母親はかわいい我が子に最後に好きなものを食べさせたいと、涙をこらえつつ、

「あーちゃん、何が食べたい？」

と聞きました。

すると、女の子は、

「栗が食べたい」

と答え、まもなく、息を引き取ったのだそうです。

食べたがっていた栗を食べさせてあげることのできなかった母親は、あーちゃんのお墓に三つの栗をいっしょに埋めてあげました。

すると、お墓のそばから栗の芽が出てきたそうです。

数年の月日が経ち、栗の木はたくさんの実をつけるほどに成長しました。

「この木にはきっとあーちゃんの霊が宿っているんだね」

町の人たちはそんなことを話し合っていました。

そんなある日のこと、あーちゃんの家の近所に住んでいる人がお墓参りにやってきて、木の下にたくさん落ちた栗をいくつか拾いました。

そして、拾ってきた栗を煮ようと、イガから取り出して、びっくりしました。

栗の実には、くっきりと歯形の跡がついていたのです。それは、ひとつふたつについていたのではなく、どの栗にもみんな、ついていました。

もしかしたら、「栗が食べたい」といいながら死んでしまったあーちゃんが食べようとしていたのでしょうか。

それからというもの、毎年、栗の木はたくさんの実をつけ、そして、どの実にも歯形の跡がついていたので、いつしか人々は、その栗を「歯形栗」と呼ぶようになりました。樹齢を重ねた「あーちゃんの栗の木」はつっかえ棒に支えられながら、福島県のN町にあり、いまも大切にされています。

水のなかから「おいで、おいで」——中山千佳(四十七歳)

これは、私の家の近くの道路にまつわる話です。

その道路の片側には大きな川が流れています。海に近いので、潮の影響を受けて、水量が多いときはなみなみと水をたたえています。そして、反対側は大きな病院の壁がつながっています。道路の入口と出口には車止めがあり、通るのは人と自転車くらいなので、いつも人気のない裏通りになっています。

さて、夜、ここを通るときは気をつけなければなりません。

いつも決まって「タップーン」と水がはねる音のするところがあるのです。その音に誘われて、真っ黒い水面に目をやってはいけません。

もし、あのあらゆる光を飲みこみ、黒々と揺れている流れを見てしまったら、さらにもうひとつのものに気がつくからです。たくさんの手が水から突き出している光景を見なくてはならないことになります。

まるで、シンクロナイズドスイミングのように、その手は水面でぐるりとまわると、あなたを指さし、それから「おいで、おいで」をするのです。

幸運にも、水面を見たいという好奇心を抑えて歩きだすことができたら、今度は振り返ってはいけません。背後にかならず何かの気配が近づいてきます。でも、決して振り返ってはいけないのです。

「ピチャピチャ……」と水を滴らせながら、すぐ後ろを歩いてくる何か……。

見たいでしょう？

でも、見てはならないものがそこにはあるのです。

自転車で通ってもおなじこと。後ろに何かが乗っている気がする……。

明るいところまで無事に帰れたら、そっと振り返ってごらんなさい。水に濡れたタイヤの跡がついているから。

もし、水面を見てしまったり、後ろのお友達を見てしまったりしたら、どうなるか？

今度は、あなたが水のなかから「おいでおいで」をする番……。

「オイ、この写真、やばい!」――松井敏明(三十五歳)

私の友人の近藤さんはたいへんなカメラ好きで、休日になると、カメラバッグをかついであちこち撮影に出かけていました。

近藤さんがきれいな秋の夕焼けの日に撮影場所に選んだのは、自宅から車で三十分ほど走ったところの海岸でした。空の色を映して光る海を撮りたかったのだといいます。

撮影ポイントに向かった近藤さんは、ふと、海沿いの道路の脇に真紅のバイクが一台、とめられているのを見つけました。バイク好きの人なら誰でも知っている有名なバイクです。その赤い色は流れるようなボディによく合っていて、近藤さんの憧れのバイクでもありました。

背景は海に向かって切り立った崖と、沈みかける赤い太陽。絶好のシチュエーションだと感じました。

近藤さんは反対車線の道路脇に車を止めると、機材を取り出し、急いでシャッターを切りました。本当はバイクの持ち主に一言挨拶をと思ったのですが、しばらく待っても誰も現われません。しかたなく、帰ることにしました。

目的の海岸に行っても、すでに太陽は落ちかけているので、いい写真は撮れないだろうと、海岸のほうはあきらめたといいます。でも、真紅のバイクのおかげで納得のいく写真が撮れたので、それはそれで満足でした。

次の日、私のところに近藤さんから電話が入りました。

撮影した写真を見せたいので来てほしいというのです。

きっと自慢の一枚があがったのだろうと、私は喜んで出かけていきました。

ところが、近藤さんの表情は冴えなくて、心なしか青ざめて見えます。

「ちょっと、これ見てほしいんだけど……」

差し出されたキャビネサイズの写真は、夕焼けをバックに写っているバイクでした。

「ああ、いいじゃないですか……」

そういおうとして、ふと、おかしなことに気づきました。

バイクのステップからシートのところにかけて細長い影のようなものが写っているのです。よく見ると、どうやら人の足のようでした。たしかにステップにかけた足です。革のライダーパンツをはいています。

しかし……、上半身が写っていないのです……。

「オイ、ちょっと、これやばい……」

私は彼を誘って、すぐに知り合いの霊能者のところに行きました。もちろん、写真持参です。

そして、そこで封筒に入れた写真を取り出し「ここに……」といいかけて、ゴクリと唾をのみこみました。

……消えているのです。

足のような影が……。

それから……真紅のバイクも……。

こんなことがあっていいのでしょうか。私が写真を見てから一時間も経っていません。

それなのに、そこには崖と、沈みかけた太陽、そして海しか……写っていなかったのです。

しかし、霊能者は言葉を失った私から写真を取り上げ、

「ここに……赤いバイク……それから……男の人……が写っていましたね」

といいます。

私たちは写真とフィルムを霊能者に預け、しかるべき処理をしてもらうようにお願いをして帰りました。

そしてその夜……。ニュースを見ていると、事故の情報が流されました。

海沿いの道路を走っていた二輪車が崖から転落、乗っていたライダーは即死だったとい

うものです。ニュースによると、転落した時刻は昨日の未明。たまたま上から覗いた人に発見された男性の遺体は今夜になって引き揚げられましたが、バイクは依然、崖下に横たわったままだということです。

ということは、事故が起こってから、近藤さんはあの風景を撮っていたということです。崖下に落ちたライダーと真紅のバイクが、なぜ近藤さんのカメラにおさまったのか、いまでも謎のままです。

顔がぐちゃぐちゃだから——松井美亜（三十二歳）

五年前、私はつきあっていた男性と結婚しました。決してスムーズに決まった結婚ではありませんでした。というのも、夫には別の女性がいたからです。彼女は腎臓を患い、人工透析を受けているという人でしたが、親が資産家らしく、夫は独身時代にずいぶんと貢がれていたようでした。

でも、結局、夫は彼女と別れ、私を選んだのです。彼女とのつきあいのほうが長かったのですが、私と知りあったことで、彼女を捨てるという形になってしまいました。

私たちの結婚式の日から無言電話が何本も入るようになりました。私はその相手が誰か、薄々気づいてはいましたが、完全に無視をして、気にもかけていないようにふるまっていました。そうするしかありません。

ある日、電話が鳴りました。また無言電話かと、ゆっくり受話器を取ると、突然、悲痛な叫び声が響いてきました。

「あなたたちだけ、幸せになんかさせないから！」

彼女です。

その言葉だけを残して電話は切れましたが、このことは夫には話しませんでした。

電話はそれっきりかかってこなくなりましたが、このころから夫の態度に変化が現われてきたのです。やさしいと思っていたのに、気に入らないことがあると怒鳴るようになりました。そして、ついには暴力まで振るうようになってしまったのです。数週間で、私の体にはいたるところに痣ができました。首を絞められ、死ぬかと思ったこともあります。

ところが、異変が起こったのは夫だけではありませんでした。私の身にも、それまで体験したこともないようなことが起こりはじめたのです。

夜でも昼でも、眠っていると、突然、体が動かなくなり、女のような白い手が伸びてきて、私の髪を引っ張ったり、何か重いものが胸の上に乗ったりすることが頻繁に起こるようになりました。

しかし、そんなとき、長身で細いシルエットの男性がかならず現われて、その女を消してくれるのです。何日かそんな日がつづきました。

ある日のこと、私たちの結婚式に出席してくれた友人から電話があり、「ちょっと、話したいことがあるんだけど……」と口ごもりながらいいます。気になったので、友人を訪ねると、私たちの結婚式の写真を取り出してきました。式のあと、私が送ったものです。

「ここにね……」

友人は夫の肩のところを指さしました。

そこには何やら白い影が映っています。煙のようでもあり、靄《もや》のようでもあり、よくわかりません。

「その写真、逆さまにして見てごらんなさい」

友人にいわれるまま、写真を逆さまにしてみると、その白い靄のようなものが……顔に見えるではありませんか！　そして、その視線は明らかに夫を見ています。怒りをこめた鋭い目つきで……。

私は友人からその写真を預かりました。自分のアルバムに貼られているおなじ写真をチェックしてみましたが、私の写真にはおかしなものは映っていません。

その夜、私は夢を見ました。

そこは小学校の理科室のようでした。私が入っていくと、青年がひとりポツンと椅子に腰かけて俯《うつむ》いています。「どうしたの？」と私が声をかけると、青年は「オレ、顔がぐちゃぐちゃだから、ミーちゃんに見られたくない。でも、守ってあげるからね」といいます。

そこで目が覚めました。

なんだか懐かしい気持ちになって、夢のことを考えていた私は、ひとりの男の子のことを思い出しました。初恋の人で、ファーストキスの相手……。その子は中学に入学してすぐに交通事故で亡くなってしまったのです。

私は自分の心の不安定さが、そんな夢を見させたのだと思いました。

その後も、私と夫の生活は相変わらずで、私はせっかく授かった子どもを流産してしまいました。その流産の日の夜、泣き疲れて眠っていると、急にどこからか「キャハハハハ……」という笑い声が響いてきました。驚いて目を開けると、目の前にあの写真の靄のなかに映りこんでいた女とよく似た人が私の顔を覗きこんでいたのです。

女は私に向かって、スーッと手を伸ばしてきました。

「やめてえ！」

私が叫んだとき、背の高いシルエットが女の手を払いのけました。女は「チェッ」と舌打ちをすると消え、やさしい男の人の手が「大丈夫、大丈夫」といいながら、私の髪を撫でてくれました。私はその心地よさに身を任せるように眠りに落ちていったのです。

退院した私は、友人から預かってきた写真を夫に見せました。写真を逆さまにして見入った夫は、

「めぐみ……！　あいつ、もしかして……死んだのか……」

と、呻《うめ》くようにいいました。

夫はさすがに直接彼女の家族に聞くことはできず、数日かけて、友人の伝手《つて》で調べてもらったようですが、たしかに、彼女は……亡くなっていました。

人工透析を拒否した結果、二カ月前に亡くなったのだそうです。二カ月前といえば、私が電話で彼女の怒鳴り声を聞いた十日ほどあとのことです。

結局、私たちはそれからまもなく離婚しました。

離婚後しばらくして、私は初恋の男の子の実家にお線香をあげに伺いました。すると、彼のお姉さんが寂しそうに笑いながら、こういいました
「あの子はね、美亜ちゃんのことが大好きで、大切に思っていたの。だから、お棺のなかには美亜ちゃんといっしょに写っている写真を入れてあげたのよ。ごめんね」

私と夫の結婚生活はなんだったのでしょうか？　先に逝ってしまったあのふたりが、も

し生きていれば、現実は変わったのでしょうか？

いまとなっては、初恋の彼に感謝するのはもちろんのこと、彼女……めぐみさんのご冥福も祈っています。亡くしてしまった私の子どもとともに……。

死んだ黒猫に手を合わせると――内山香（十五歳）

朝はいつも余裕をもって出かけようと思うのに、毎日、学校につくのは始業時間ぎりぎりでした。

その日も、全速力で自転車を飛ばしていました。

ゆっくり行けば爽やかな初夏の風も、全速力では楽しむどころではありません。

学校への最後の角を曲がって、遅刻しないですんだとホッとしたとき、左の植えこみの脇に何やら黒っぽい塊が落ちていることに気づきました。何気なく、そちらに目をやった私は、思わず「うわっ！」と声を出して、ブレーキを握る手にギュッと力が入りました。

黒猫でした。

車にでも轢《ひ》かれたのか、頭の下には黒い血だまりができ、口から白い歯が覗いています。

「死んだ猫に手を合わせると、憑《つ》いてしまう」

誰かがいっていたそんな言葉が脳裏をよぎり、私は心のなかで、

〈成仏してね……〉

と、つぶやいて、そのまま自転車を走らせました。

私も家で真っ白いチンチラを飼っているので、かわいそうにと思う気持ちはよけいに強かったと思います。

学校についてからもしばらくのあいだは、死んだ猫と地面に張りついたような血の跡が思い出されて、気分が悪かったのですが、お昼をすぎるころにはすっかり忘れて、いつものペースを取り戻すことができました。

ところが、午後の授業中に私の体におかしな感触が起こりはじめたのです。

英語の授業中に、何かが足に触れたような気がして、机の下に目をやりました。しかし、何もありません。それは、スッと私の足をこすっていくような感じでした。そう、まるで猫が体をこすりつけてくるような感触……。

また、道路で死んでいた黒猫の姿が甦ってきました。

午後の授業のあいだじゅう落ち着かなくて、足もとばかり気にしていました。

やっと放課後になり、友達と話しているとき、今度は突然、肩にチクチクと痛みが走り

ました。制服の上から何かに刺されるような感じです。それは肩から、腕、太もものほうにまで移動してきます。

チクチクする場所を手で触ってみましたが、何もありません。でもそれは、家の猫の喉を撫でてやっているときに、ゴロゴロと喉を鳴らして爪を出したりひっこめたりしながらひっかいてくる痛みに似ていました。

「あれえ、どうしたの、ここ」

話していた友達が急に私の首の後ろを見ながら不思議そうな声をあげたので、手をやると、数本のミミズ腫れのような膨らみがありました。ズキズキと痛みます。

猫の爪は雑菌がついているので、ひっかかれると、思った以上に腫れたり痛んだりするのですが、そんな痛みでした。

でも、うちの猫の仕業ではないし、ついさっきまではなかった傷です。

「なんだか、顔色が悪いよ」

友達にそういわれなくても、貧血のような気分の悪さを感じはじめていました。

「今日は、もう帰るね」

そういって学校を出た私は、黒猫が死んでいた場所を避け、違う道を帰っていきました。

家に帰り、冷蔵庫から冷たいお茶を出して飲んでいると、「ミャー」と鳴きながら、うちの猫がキッチンに入ってきました。私はいつものように、「ただいま」といって手を伸ばしたのですが、そのとたん、猫は「フーッ！」と毛を逆立て、後ずさりしました。まるで、天敵にあったときのような反応です。私は手をひっこめ、自分の部屋にすごすごと引きあげる羽目になりました。

気分の悪さにベッドに横になっていると、黒猫の姿が目に浮かびます。そして、肩がどんどん重くなっていくような気がしました。

いつの間にか眠っていたようです。私は顔にザラッとした何かが触れるのを感じて、目を覚ましました。猫の舌でなめられたときのような感触……。

そして、見てしまったのです。暮れかかって少し暗くなった部屋のなかで、私の顔を覗きこんで喉を鳴らしている黒猫を……。

「ギャーッ！」

叫び声をあげたとたん、それはあっという間に消えてしまったのですが、シーツの上には黒ずんだ血の跡のようなものが点々とついていたのでした。

その日からずっと、肩の重みがとれません。そしてときおり、私の足をゾワッとさわるものがいるのです。

私はあの黒猫を連れてきてしまったのでしょうか？　黒猫は喜んでいるのでしょうか？

長い髪の白装束の女――長友真紀（二十九歳）

忘れもしない、昨年の八月十七日のことでした。

その日、両親と弟は出かけていて、私はひとり、一階の居間で本を読んでいました。

長い夏の日も暮れかけ、夕飯の支度をしなければと立ち上がった私は、その前にトイレに行こうと、台所を抜けて廊下に出ました。台所から廊下に出ると、すぐに階段がありま す。

階段の横をそのまま通り抜ければよかったのですが、そのとき、何気なく階段の上に目をやりました。もしかしたら、何かの気配を感じたのかもしれません。

すると、踊り場のところに、何か白いものが見えたのです。

「えっ？」

一度そらしかけた目を、もう一度上のほうに向けました。

人です。

誰もいないはずの家のなかに、たしかに「それ」は立っていました。

「それ」は白い着物を着て、黒く長い髪をバサリと前に垂らして立っていたのでした。

人間は不思議なことや恐ろしいことを目にしたとき、思考力がなくなって動けなくなってしまうものだということを、いま、改めて思います。

どうしていいかわからず、こともあろうに、そのままトイレに入ってしまったのでした。私はそのとき、ひどく緩慢な動きをしたと思います。

トイレのドアを閉めてから、なんてことをしてしまったのかと震えました。ドアの向こうの階段の上に「それ」はいるのだ――じわじわ足から這いのぼるような恐怖感が、やがて私の全身を包みました。

私は震える手でやっとノブをつかむと、そっと開けました。隙間からは何も見えません。

そこで、思いきってドアを勢いよく開けると、音をたてないように出て、逃げようとしました。しかし、外に出るためには、どうしても階段の前を通らなければならないのです。

〈早く……早く……〉

心のなかではそう叫んでいるのに、手足はぜんまい仕掛けの人形のようにぎこちなく、体はうまく動きませんでした。

そして、急いで階段の前を通りすぎようとしたとき、また見てしまったのです。

「それ」は階段の中央付近に立っていました。降りてきたのです！

無我夢中で走り、台所まで来たとき、振り返ると、今度は下から四段めのところに……。

「ヒッ！」

台所から居間に、そして、私は外に飛び出しました。

家族の帰ってくるのを待ちながら、それでも、私は家のなかが気になって仕方がありませんでした。

〈ちょっと、覗いてみよう……〉

そう思いました。

自分は外にいるという、妙な安心感もあったのかもしれません。

ガラス戸を通して、居間を覗いてみると……白い着物の女はちょうど、台所から居間に入ってくるところでした。ゆっくり、ゆっくり……、それ以上ゆっくり動くことはできないと思われるほど、一歩一歩重い足取りで移動しています。それは、不気味としかいいようのない動きでした。

そして、居間の中央あたりに来たときです。

女は急に顔をあげ、「ガッ！」と目をむいてこちらを見たのでした。

つぎの瞬間、女の顔が目の前にありました。本当に文字どおり「飛ぶように」ガラス窓のところに来たかと思うと、「バンッ！」と両手と顔を窓ガラスに押しつけてきたのです。

青白い顔……。血走った目……。嚙みしめられて紫色に変色した唇……。恨みのこもった視線……。

私の記憶はそこまでです。

気がついたとき、心配そうに覗きこんでいる家族の顔がありました。

居間に寝かされた私は、両親に家のなかをくまなく調べてもらいましたが、何も変わったことはないといいます。女の姿もありませんでした。そして、私の話は白昼夢として笑われただけだったのですが、弟の反応だけは違っていました。

その夜、彼は青い顔をして、私にいいました。

「一昨日《おととい》、友達と胆試しに行ったんだ……。そこの墓地で、一瞬だけど、見たんだ。白装束の……長い髪の女……。錯覚かと思ってた……」

もしかしたら、弟についてきたのでしょうか？

あれから一年経ちますが、ひとりで家にいることは、いまだにできません。

午前四時の訪問者——梶田夏美(三十四歳)

あれは三年前、まだ独り暮らしをしていた、ある夏のことです。

夏季休暇中に、彼と伊豆に旅行に行き、土曜日に帰って、日曜日はふたりでのんびり過ごし、週明けには、いつものように仕事に出かけました。

休暇明けの仕事は、いつもより忙しく感じられ、疲れて帰宅したのは、もう暗くなってからでした。マンションの近くまで来たとき、ふと、誰かに見られているような強い視線を感じて、あたりを見渡したのですが、周囲には誰もいません。

〈気のせいか……〉

視線を戻そうとしたとき、路地の影に身を潜めるようにたたずんでいる女性と目が合ってしまいました。一瞬、ドキッとしましたが、相手が女の人だったので、気味悪くは思っても、危害を加えられることはないと、そのまま、急いでマンションに駆けこみました。

その夜、いつものようにエアコンのタイマーをかけ、眠りにつきました。ところが、しばらくすると、ひどく蒸し暑くなり、目を覚ましてしまいました。時計を見ると、午前四時。そんな時刻に目が覚めたことなどありません。

もう一度眠ろうと、目を閉じたのですが、窓の外が気になります。暗がりのなか、目を凝らして見ますが、とくに変わったようすはありませんでした。でも……。やはり気になります。なんとなく、わかるのです。外に女の人が立っている……。じっと部屋のなかをうかがっている……。そんな気配をはっきり感じ取りました。

窓には鍵をかけていましたし、起き上がって確認する勇気もありませんでしたから、窓に背を向けて、寝苦しい夜を過ごしたのでした。

翌日、寝不足ぎみで出勤し、また忙しい一日を過ごして帰宅しました。疲れていたので、エアコンをつけて、早めに眠ることにしました。

ところが……。また、夜中にフッと目を覚ましてしまったのです。時刻は午前四時……。その夜は前日よりもっと恐ろしいことが起こりました。

目を覚ましたのに、体が縛られたように動かないのです。どうすることもできません。そしてさらに、昨夜の気配がまたやってきたのです。しかも、今度は窓の外ではなく、部屋のなかに……。窓の前に立っています。はっきりとは見えませんが、髪が肩より少し長く、薄い黄色のワンピースを着て、じっと私を観察している……。

しばらくもがきつづけたあと、何の前触れもなく、金縛りがとけました。そのときには、汗びっしょりでした。

そして、水曜日。軽い頭痛を押して出勤し、一日じゅう考えていました、もしかしたら、月曜日に物陰から私をじっと見ていた女性と同一人物なのかもしれない……。一度めは外に、二度めは窓の外に、三度めは部屋のなかに……。とすると、今夜はどうなるのでしょうか……?

私は彼に助けを求めました。

二日間の話をすると、彼はしばらく考えて、「もしかすると……」と、腕組みをしました。実はこのとき、私もおなじことを考えていたのです。

彼と伊豆に行ったとき、急だったので、いつも泊まるホテルが満室で予約できず、しかも、目ぼしいところがどこもとれませんでした。そのため、空きのあるモーテルに泊まったのです。

そのモーテルの部屋に入る直前、ドアを開けた瞬間に「フワー……」と風が吹きつけてきたのです。部屋には窓もなく、風が通り抜けるような作りではありません。私も彼も、一瞬、足を止めたことを思い出しました。

「あそこから、ついてきたのかも……」

彼の言葉を私は否定できませんでした。

その夜は、彼に私の家に来てもらうことになりました。

さすがに疲れていた私は、彼のいる安心感から午前零時をすぎるころには、すっかり眠ってしまいました。彼はずっとソファーに座って見ていてくれたようです。

と、突然、

「危ない！」

という叫び声とともに、彼がベッドに飛びこんできました。

「何？　どうしたの？」

驚いて、聞くと、

「……来たよ。窓から入ってきた……。すぐそこにいる……。きみの顔を……じっと見ている……」

霊感の強い彼には見えるのです。

私は彼にしがみついたまま、懸命にお経を唱えつづけました。

しかし、今度は私の耳にはっきり聞こえてきたのです。

「……そんなこと……無駄よ……」

夜が明けるまで、ずっとそのままの状態でした。

明るくなると、「もう大丈夫」といいながら、彼はベッドを離れました。

「おかしいんだ。そこにいるのに、それ以上は近づいてこない。近づきたいのに、こられなくてイライラしている……そんな感じだった」

それにしても、このままでは安心して眠ることも生活することもできません。彼にも仕事があるので、ずっと夜、見張ってもらうわけにはいかないのです。

思い悩んでいる私を同僚の光子が心配してくれたので、それまでの出来事をすべて話しました。

「私には霊感なんてないし、どうしていいのかわからないわ。でも、霊媒師を探すのがいいかもしれないわね」

光子が親身になってくれたことは、いくぶん気持ちを落ち着かせてくれました。

そして、その夜、また彼に来てもらって不安な時間を過ごしたのですが……。現われませんでした。次の日も、その次の日も……何の異変も起こらないのです。

「終わったんだ！」

彼と手を取りあって喜んだのもつかの間、会社の休み時間に光子が青い顔をして近寄ってきました。

「このごろ、眠れないの。四時になるとね……目が覚めてしまう……」

寝不足で、充血した目をした光子はとても疲れているようでした。

〈もしかしたら、光子についていってしまった？〉

まったく霊感のない光子には見えないどころか、気配も感じられないのでしょうが、午前四時に目を覚ましてしまうということは、おそらく間違いありません。

そこで、私はある策を講じることにしました。

私についてきた女は、私が話した光子についていった……。ということは、光子が誰かにこの話をすれば、女は次の人についていく……。

私の勧めにしたがって、光子は隣の席で仕事をしている人に話したのだそうです。

数日後、光子は元気な顔を見せました。

「もう目は覚めなくなったよ。ぐっすり眠れる。でもね、隣の席の子が目を覚ましてしまうんだって……午前四時……」

霊など信じてはいない光子でしたが、自分のせいで眠れない思いをしている同僚に申し訳ないと、今度は、おなじ方法を同僚に教えたのでした。すると、たちまち寝不足は解消されたということです。

そしていま、あの女がどこにいるか、まったくわかりません。でも、あの『リング』のようにたくさんの人を巻きこみながら、午前四時に訪問をしているのかもしれません。

女ふたり旅の恐怖の一夜――飯島康子(三十八歳)

かれこれ十年ほど前の出来事です。

私は会社の同僚と温泉旅行に出かけました。彼女とは同い年、気兼ねのないつきあいで、ふたりで旅行することも少なくありませんでした。そのときの旅行先は熱海です。

宿泊したのは、ホテルという名前がおよそ似つかわしくない古びた旅館でしたが、とくに「いやな感じ」をもったわけではありません。

私たちは温泉につかり、海の幸を堪能《たんのう》し、旅気分を味わいながら、話に花を咲かせました。楽しい時間でした。そう、ここまでは……。

夜も更け、話し疲れた私たちは、それぞれの布団に入って眠りにつきました。窓の外は漁港が広がるばかりで、何の物音もしない静かな夜です。窓寄りに敷いた布団に入った私が、数分後には寝息をたてはじめた友人をうらやましく思いながら、ぼんやりと天井を見ていると……。

明かりを消したはずの部屋のなかが、なぜか明るくなりはじめたのです。チラチラ小さな光が、天井や壁を目まぐるしく乱舞しているではありませんか。

私は、その光を漁港から沖に向かうイカ釣り船のものだと思いこみ、「きれい」とつぶやいたのですが、そのとき、急に体が動かなくなりました。

そして、見てはいけないものを見てしまったのです……。

天井の隅っこに、体を胎児のように折り曲げて、べったりと張りついている老人……。

私はとっさに目を閉じようとしました。ところが、それができないのです。私の体のなかで、唯一動かすことのできるのは目だけという状態なのに、その目を閉じることができません。その老人は天井の隅っこから対角線上に、私をじっと見下ろしています。

無表情で、なんの感情ももちあわせていないかのような目……。

そして、その手には大きな鎌が握られています。それを見たとき、

〈死に神……?〉

と気づきました。

と同時に、隣の布団が動いたかと思うと、友人がムクッと起き上がりました。

〈助かった〉

友人が声をかけてくれさえすれば、動けない状態から脱出できると考えた私でしたが、それも一瞬のことで、すぐに異変を感じ取りました。

友人は布団の上に座り、目を閉じています。しかし、私を見ているのです。かたく閉じられた目から、強い視線を感じました。私は必死で声を出そうとしましたが、呻き声さえ出すことはできません。苦しさのあまり、息が詰まりそうでした。

やがて、友人はゆっくり体ごと私のほうに向き直ると、いきなり、その手を私の首にかけました。そして、のしかかるようにして、絞めはじめたのです。

抵抗しようとしましたが、身動きのできない私には、どうすることもできません。友人

の指の力は徐々に強くなってきます。「グイグイ」と、めりこんでくるようなすごい力に〈もう、ダメだ……〉と、あきらめかけたとき、体が不意に軽くなりました。首を絞めていた手首も、いつの間にか離れています。

私は激しく咳きこみ、体は自由になっていました。

友人は、何事もなかったかのように、ふたたび自分の布団に戻ると、横になって静かな寝息をたてはじめました。

次の日、私は昨晩の出来事をただの「悪夢」として忘れようとしました。友人は普段とまったく変わりなく、何も感じていないようです。そんな彼女にわざわざいやな話をして気分を害させることもないと、私は黙っていました。

しかし、洗面所の鏡の前に立ったとき愕然としてしまいました。首にくっきりと……指の跡がついていたのです。赤い痣《あざ》のように見えるそれは、「悪夢」などではないという印でした。

どうして、あのとき、私は助かったのでしょうか？　「死に神」は間違いなく、私に鎌を振りおろそうとしていました。それなのに……。私に、強い守護霊でもついているのでしょうか？　誰かに教えてほしいと思います。

ちなみに友人には、五年経ったころに「もう時効だと思うから」と、あの夜の話をしました。彼女はその場では笑い飛ばしてくれたので、ホッとしていたのですが、それからまもなく、突然、引っ越すというハガキが舞いこみ、それっきり連絡が途絶えてしまいました。私の前からきれいさっぱりいなくなってしまったのです。因果関係などないと信じつつも、私はあの話を彼女にしてしまったことを後悔しています。

道をおおうカエルと老婆の宿――青木勝之（四十九歳）

大学二年の夏休み、友人と北海道に行き、レンタカーで旅をしたときの話です。目的も決めず、気の向くままに車を走らせ、夕方になると近くの宿を探すという気楽な旅行でしたが、三日めには朝から雨のうっとうしい天気になりました。一日じゅう降りつづいていた雨が上がったのは、もう暮れかかるころでした。

人影もなければ、外灯もない、どこにつづくかわからない一本道を進んでいくうちに、道がだんだん白っぽく見えてきました。まるで、雪でも降ったかのように白いのです。

私たちは車を止めて、窓から首を突き出して見ました。するると、道いっぱいにカエルがぎっしりといるのです。ほとんど隙間さえありません。

車の前も後ろも横も、すべて白いカエルに囲まれていました。その数、一万匹……？　十万匹……？

想像を絶する光景でした。

覚悟を決めると、車をゆっくり進めました。……カエルをタイヤでつぶしながら……。

道は少し登り坂になり、いちばん高いところに来る直前に、カエルの群から解放されました。やっと脱出できたと安堵しながら、カーブを曲がっていくと、ヘッドライトに何かが照らし出されました。カーブのちょうど頂点のところのガードレールと道路のあいだに、たしかに見えたのです。

わずかな隙間に、老婆の顔が……。

それから、どのくらい走ったかわかりません。

ただ暗闇が広がるばかりの一本道の先に、今夜泊まることのできそうな宿など見つかりそうもなく、車のなかで夜を明かすしかないかと、半ばあきらめの心境になっていました。

しかし、そのとき、一軒の建物が見えてきました、近づいてみると、宿の看板が出ています。

よく見ると、建物は崩壊寸前の木造で、宿泊施設とも思えなかったのですが、看板には一泊五百円と出ています。その安さにひかれて、私はハンドルを切りました。

入口で声をかけると、「しなびた」という形容詞がぴったりの老婆が出てきました。

老婆は私たちを招き入れると、聞きもしないのに、

「たったひとりで、この宿をやってきたけれど、もうこの夏で閉めるから、最後のお客さんかもしれないねえ」

とつぶやいていました。

薄気味悪いとは思ったのですが、一泊だけのことと、割り切ることにしました。

そして、部屋に通されたとき、現実はやはり厳しいと認識せざるをえませんでした。電気もつかない三畳くらいの部屋に、ポツンとカンテラが置かれています。下を見れば、畳はまるでゴザのようでした。

私も友人も疲れているのに、少しも眠くなりません。

それでも、少しまどろみかけたとき、どこからか、人の話し声が聞こえてきました。

コソコソ……ブツブツ……といった感じの、ひそひそ声です。

泊まり客は私たちふたりだけ。そして、老婆はひとりでこの宿をやってきたと話していました。では、あの話し声は……？

耳を澄ませていると、話し声に加わる人数がどんどん増えてきたのがわかります。歳をとった女の人の声に、ときどき、男の声が混ざるのです。

隣で友人が目を見開き、何かに耐えるように、身をかたくしていることがわかりました。すると、そのうち、「シュッ……シュッ……シュッ……!」という奇妙な音が聞こえはじめました。それは、何かを研いでいる音に似ています。たとえば、砥石で包丁を研ぐときのような……。

翌日、車に乗りこんで、その宿をあとにしたときには、全身に疲れがたまっていて、首をまわすこともできませんでした。

あれから二十年以上経ちますが、あの場所がどこだったのか、いまだに判明しません。

ずっと怯えつづけるか、正体を知るか――加山美雪(十七歳)

ある日、私は家族で小豆島《しょうどしま》に旅行しました。両親と弟、そして私の四人です。ときどき弟とけんかはしたものの、二泊三日の家族水入らずの楽しい旅行でした。

旅行から帰って三日後、そのときの写真ができあがったので、みんなで見ていると、

「なんだろ、これ?」

と、弟が一枚の写真を手渡します。

そこには、「二十四の瞳」の像の前で馬にまたがってひきつった顔をしている私が写っていました。たしかに父に写してもらった覚えはあるのですが、問題は私の後方です。斜め後ろに人らしい影が映っているのです。見た感じは軍服と帽子を身につけた兵隊さんのようでした。そして、さらに不思議なことに、その人物は透き通っているのです。その人の背景になっている木の葉が見えるのですから……。

「現像のときの失敗じゃないの？」

母はのんきにそういいましたが、私は気になって仕方がありません。なんとなく、その写真を見たくなくて、机の引出しにしまいこんでしまいました。

その日からです。夜中になると「コトッコトッ」というコップを置くような音がどこからか聞こえるようになったのは……。

何日か経つと、それは「パチン、パチン」という指を鳴らす音に変わりました。

そして、ある晩……。

寝苦しさに目を覚ました私は、とんでもないものを見てしまったのです。

私は二段ベッドの上を使い、弟が下を使っています。そして、母はすぐ横の畳に布団を敷いて寝ているのですが、仰向けになった私のすぐ上は天井……。その天井にへばりついたものが、じっと私を見下ろしていたのです。

叫ぼうとしましたが、声が出ません。

天井から見ているのは、たしかにあの写真に写っていた兵隊さんのような人物でした。どういっていいかわからないほど青白い顔が、私の目の前にあるのです。

血の気が引き、冷や汗が全身を流れるという感触を生まれて初めて味わいました。私はゆっくり布団をつかむと、勢いよく引っ張り上げて、頭からすっぽりかぶりました。

すると、隣の部屋のほうから「コトッコトッ」「パチン、パチン」……あの音が聞こえてくるのです。私はまったく体を動かすこともできず、ただ目をかたくつぶりました。

どのくらい経ったでしょうか。

天井の気配が消えたのを感じた私は、思いきって布団をはぎ取ると、ベッドから飛び降りて、母にしがみつきました。

「お母さん。こわい！」

そのとき、また「コトッコトッ」「パチン、パチン」というあの音が隣の部屋から聞こえました。

「お母さん、あの音、ねえ、あの音……」

私は母の肩を揺さぶりましたが、どうしたことでしょう。母には何も聞こえないようなのです。泣いている私の背中をさすりながらも、不思議そうな顔をするばかりでした。

〈お母さんには……聞こえないんだ……〉

そう思った瞬間、私は目に見えないものがこの家のなかにいるのだという確信をもち、とっさに、ずっと怯えつづけるか、正体を知るか、ふたつにひとつしかないと思いました。

そして、思いきって隣の部屋の襖を開けたのです。

そこには……何もいませんでした。

そして、その日から奇妙な音も聞こえなくなったのです。

もうひとつ、机のなかにしまったはずの写真もなくなって二度と出てきませんでした。

ネガさえ、真っ黒になってしまったのです。

三十秒間だけの怪現象——上田忠行(六十四歳)

二十数年前、妻を亡くしてからしばらくのあいだ、毎晩のように妻の夢を見ました。

夢のなかに妻が出てこない日は、とてつもなく巨大なものばかりが出てくる夢を見ました。それは、インドにあるような仏塔が天にも届かんばかりの高さにそびえたっていたり、見たこともないような大蛇が大きな山にぐるりとまきついている夢だったりしました。

私はそんな夢を見ることが嫌いではありませんでした。夢でも妻に会えると、心が慰められましたし、スケールの大きなものを見る楽しみもありました。

そうして二、三年経ったのですが、そのころに、また不思議な体験をしました。

ある朝、目が覚めて天井を見ていると、映画を見ているように、大勢の人が町なかを歩いている光景が映っています。不思議ではありましたが、恐怖感はありませんでした。

見える日と、見えない日はありましたが、私は朝の目覚めも楽しみのひとつに数えるようになっていきました。

それからさらに何年か経ったある晩のこと、トイレに行こうと起き上がったときに、何気なく自分の手を見ると、それがくっきり見えたのです。自分の手が見えることくらい不思議はないと思うかもしれませんが、私は一級視覚障害者で、夜は明かりがあってもあまり役に立たないので、電気を消したままなのです。

しかも、この現象は目が覚めて三十秒くらいしかつづかないことが不思議でした。しばらくすると、何も見えなくなるのです。私はおもしろがって、夜中に目を覚ますたびに自分の手を見ていたものでした。

そして最近、また変わったことが起きるようになりました。

あるとき、目を覚まして、いつものようにじっと手を見ていると、その手が「ポンッ」

と音をたてて飛んでいったのです。痛みも何もなく「ポンッ」と外れて飛んでいくのです。飛んでしまった手と、手をなくした手首に視線を泳がせると、今度は新しい手が「ニョキッ」と生えてくるのです。

その現象も目覚めてから三十秒ほどでなくなりはしますが、何日間かつづきました。痛みも何もないのですからおもしろくなって、いつまでも見たいと思っていたのですが、何日か経つと、この現象はなくなってしまいました。

けれども、いまは手の指が五本から十本になり、さらに二十本に増えていくようになりました。そのうえ、指自体が長くなっているようです。

なにしろ、目覚めてから三十秒ほどしか起こらない現象なので、人に見せられないのが残念です。

二見レインボー文庫

ナムコ・ナンジャタウン
「あなたの隣の怖い話コンテスト」事務局

2003年の夏、東京・池袋の屋内型テーマパーク「ナムコ・ナンジャタウン」で恒例の「あなたの隣の怖い話コンテスト」が開催され、日本全国から膨大な数の霊体験恐怖実話が寄せられた。本書は、そのなかから入賞作品をはじめ、54のとびきり怖い話を厳選収録したものである。

※「怖い話」の募集は、現在は行なっておりません。
※「ナムコ・ナンジャタウン」はリニューアルのため「ナンジャタウン」に名称変更となっております。

怨《うらみ》——誰《だれ》かに話《はな》したくなる怖《こわ》い話《はなし》

編者　ナムコ・ナンジャタウン
「あなたの隣《となり》の怖《こわ》い話《はなし》」コンテスト事務局《じむきょく》

発行所　株式会社 二見書房
東京都千代田区三崎町2-18-11
電話 03(3515)2311［営業］
03(3515)2313［編集］
振替 00170-4-2639

印刷　株式会社 堀内印刷所
製本　株式会社 関川製本所

落丁・乱丁本はお取り替えいたします。
定価は、カバーに表示してあります。
2016, Printed in Japan.
ISBN978-4-576-16120-4
http://www.futami.co.jp/

本書は、2004年6月に小社より発刊された文庫『怖くてトイレに行けない話』の改装・改訂新版です。